D0153430

LA MUJER QUE
MANDA EN CASA

TIRSO DE MOLINA

La mujer
que
manda en casa

A critical edition, with introduction
and notes, by

Dawn L. Smith

Associate Professor of Spanish,
Trent University, Peterborough, Canada

TAMESIS TEXTS LTD
LONDON

TAMESIS TEXTS
Golden Age Drama: Series Editor, J.E. Varey

PQ
6434
.M8
1984

© Copyright, Tamesis Texts Limited
London, 1984
ISBN 0 7293 0194 X

DISCARDED
WIDENER UNIVERSITY

WIDENER UNIVERSITY
WOLFGRAM
LIBRARY
CHESTER, PA.

I.S.B.N. 84-599-0298-6
DEPÓSITO LEGAL: V. 135 - 1985

Printed in Spain by
ARTES GRÁFICAS SOLER, S.A., VALENCIA

for

TAMESIS TEXTS LIMITED
11, BUCKINGHAM STREET, LONDON WC2N 6DQ

In grateful remembrance of

Cyril Jones and

Premraj Halkhoree

ABBREVIATIONS

Autoridades	*Diccionario de la lengua castellana*, Real Academia Española, 3 vols (Madrid: Gredos, 1964).
BAE	Biblioteca de Autores Españoles
BHi	*Bulletin Hispanique*
BHS	*Bulletin of Hispanic Studies*
BRAE	*Boletín de la Real Academia Española*
Covarrubias	Sebastián de Covarrubias Horozco, *Tesoro de la lengua castellana*, ed. Martín de Riquer (Barcelona: S.A. Horta, 1943).
Douay	*The Holy Bible* translated from the Latin Vulgate (first published by the English College at Douay), 1609 (the Old Testament) and at Rheims, 1582 (the New Testament), (Belfast: Thomas Mairs, 1836).
HR	*Hispanic Review*
Josephus	Flavius Josephus, *The Jewish Antiquities*, translated by Ralph Marcus, The Loeb Classical Library, 3 vols (Cambridge, Mass.: Harvard Univ. Press, 1948).
Keniston	R. Hayward Keniston, *The Syntax of Castilian Prose: The Sixteenth Century* (Chicago: Univ. Press, 1937).
MLR	*Modern Language Review*
Moliner	María de Moliner, *Diccionario de uso del español*, 2 vols (Madrid: Gredos, 1966).
NBAE	Nueva Biblioteca de Autores Españoles
NRFH	*Nueva Revista de Filología Hispánica*
PMLA	*Publications of the Modern Languages Association of America*

R. I, II and III *Tirso de Molina: obras dramáticas completas*, ed. Doña Blanca de los Ríos de Lampérez, 3 vols (Madrid: Aguilar, 1946, 1958 and 1962).

RABM   *Revista de Archivos, Bibliotecas y Museos*

RHi   *Revue Hispanique*

Vulgate   *Biblia Sacra iuxta Vulgatem Clementinam*, Biblioteca de Autores Cristianos, fourth edition (Madrid: Editorial Católica, 1965).

INTRODUCTION

THE DATE OF THE PLAY

Although little is known about the life of Gabriel Téllez, the Mercedarian friar who wrote under the name of Tirso de Molina, there is evidence to suggest that he enjoyed a period of exceptional activity between the years 1618 (when he returned from a two-year visit to the Mercedarian house in Santo Domingo) and 1625, when he was rebuked by the Junta de Reformación for causing a scandal 'con comedias que hace profanas y de malos incentivos y ejemplos'.[1]

In 1621 Tirso almost certainly took up residence with his Order in Madrid. This was also the year in which the ailing Philip III died and was succeeded by his sixteen-year-old son, Philip IV. The real power behind the new king lay in the hands of Don Gaspar de Guzmán, Conde-Duque de Olivares, who was to rule Spain in all but name for the next nineteen years. Tirso's disapproval of the new régime is expressed in a passage which appeared in his *Historia General de la Orden de Nuestra Señora de las Mercedes* (published in 1639):

> Murió el católico y piadosísimo Philippo, tercero de este nombre. Desencasáronse las fábricas que con su favor veneraba tanta Monarquía. Sucedieron nuevos arquitectos con el Rey nuevo ...[2]

[1] A good account in English of what is known of Tirso's life is given by Margaret Wilson in *Tirso de Molina* (Boston: Twayne, 1977), 13-29. It is given that the Junta's recommendation in 1625 that Tirso be expelled from Madrid and forbidden, on pain of excommunication, to write further plays, was not acted upon. Nevertheless, critics continue to argue both about the cause of such a stern rebuke and its effect. See, for example, J.C.J. Metford, 'Tirso de Molina and the Conde-Duque de Olivares', *BHS*, XXXVI (1959), 15-27, and Ruth Lee Kennedy, *Studies in Tirso*, I (Chapel Hill: Univ. of N. Carolina, 1974). A. Cioranescu, in 'La Biographie de Tirso de Molina', *BHi*, LXIV (1962), 157-92, suggests that the Junta's rebuke was only the first of a number of complaints raised against Tirso, and sees it as proof that by 1625 he had lost his influence at court and become a victim of envy and intrigue among those who were in a position to affect his fortunes as a playwright.

[2] The passage continues by questioning the custom whereby new kings and governors replace the ministers appointed by their predecessors with their own creatures. Some rulers, Tirso concedes, avoid the error and recognize the importance 'de conservar ministros que, diestros con la experiencia de las cosas, prosigan con sus aciertos y no los desbaraten los ímpetus mandones de los modernos' (quoted by R.L. Kennedy in *Studies in Tirso*, I, 63). Tirso writes here with obvious irony: Philip IV could hardly be counted among the wise exceptions to the custom since the beginning of his reign was notorious for the overthrow of his father's ministers. The most famous case was that of Rodrigo Calderón, who was sent to the scaffold in 1621 as a 'castigo ejemplarísimo'.

Several critics have deduced from textual evidence that Tirso's opposition is also expressed in a number of his plays and, indeed, the case made for the dating of these plays often rests on internal evidence.[3] In an important study, Ruth Lee Kennedy has suggested that *La prudencia en la mujer* was intended to be a *de regimine principum* for the benefit of the new king.[4]

Although there is no known record of the date of composition and performance of *La mujer que manda en casa* there is reason to believe that it, too, was written between the years 1621-25, when Tirso was in Madrid.

The play refers to a time of famine and privation for the common people, themes which echo contemporary accounts and the cries of the *arbitristas*, who foresaw the catastrophic consequences of the Crown's mismanagement of the country. Tirso uses these themes in two other plays which draw on Biblical sources: *Tanto es lo de más como lo de menos* and *La mejor espigadera*. Both these plays, like *La mujer que manda en casa*, stress the fact that the poor starve while the rich are feasting.[5]

The question of debased copper coinage (known as 'moneda de vellón') was frequently in debate during the first part of the seventeenth century: the gradual displacement of the original silver content of this coinage was an eloquent reminder of the decline of Spain's economy as a whole. The peak of the *vellón* scandal was reached between 1621 and 1626, when Philip IV and his ministers were forced to mint enormous quantities of *vellón* despite bitter public oppo-

---

[3] Blanca de los Ríos, in her three-volume edition of Tirso's plays (Madrid: Aguilar, 1946, 1958 and 1962), attempts to place these works in chronological order. Ruth Lee Kennedy has published several articles seeking to establish dates of composition for various plays: in particular, see 'On the Date of Five Plays by Tirso de Molina', *HR*, X (1942), 183-214, and 'Studies for the Chronology of Tirso's Theatre', *HR*, XI (1943), 17-46. Although both scholars agree that Tirso wrote plays in opposition to the Olivares régime, they disagree as to which plays belong to this period. Sra. de los Ríos believed that *La mujer que manda en casa* was written in 1611 or 1612 (*Obras dramáticas*), I, 107-08). Miss Kennedy opts strongly for the 1620s (in 'Tirso's *La vida y muerte de Herodes*', *RABM*, LXVI (1973), 139); also *Studies in Tirso*, I, 59. Professor Courtney Bruerton also deduced from the play's versification that it was written at this time (*NRFH*, III (1949), 193).

[4] '*La prudencia en la mujer* and the Ambient that Brought it Forth', *PMLA*, LXIII (1948), 1131-90.

[5] See Margaret Wilson, *Spanish Drama of the Golden Age* (Oxford: Pergamon Press, 1969), 112; also J.C.J. Metford, 'Tirso de Molina and the Conde-Duque de Olivares', 22.

sition.[6] Against this background the metaphor used in Raquel's denunciation of the orgiastic practices associated with the cult of Baal acquires a topical significance:

> allí tal vez la dama
> de ilustre sangre y generosa fama
> con el plebeyo pobre
> (mezcla de plata y abatido cobre)
> porque Venus instiga
> bate moneda amor, de infame liga.　　　(316-21)

The *gracioso*, Coriolín, is the mouthpiece for a satirical attack against the corrupt practices which prevailed in military life in sixteenth- and seventeenth-century Spain. Although these allusions cannot be attached to a specific date, the fact that the war with Flanders was resumed in 1621 after a truce of twelve years would have added piquancy to the scene for an audience viewing it at this time.

The *gracioso* also makes fun of the 'chusma villanciquera', a barb which is almost certainly aimed at the *culteranos* (see end note 1689). Since Tirso's attacks on the Gongorist movement are known to date from his settlement in Madrid around 1621, the allusion may also help to establish a date for the play's composition.

---

[6] The *vellón* problem is discussed in detail by E.J. Hamilton in 'Monetary Inflation in Castile, 1598-1660', in *Economic History*, II (1931), 177. Tirso also refers to the contemporary financial situation in the significant 'tiempo presente' speech in *Ventura te dé Dios* (R. I, 1640a):

> Moneda de vellón corre
> y reinan Venus y Baco.

Metford argues that the allusions in this speech are consistent with events at the beginning of the reign of Philip IV ('Tirso de Molina and the Conde-Duque de Olivares', 23). A knowing audience in the 1620s may also have discerned another veiled allusion to the *vellón* scandal in lines 43-47 of the play. In this passage, Acab reminds Jezabel that the king of Moab pays Israel tribute:

> en cambio de su vida,
> cada año para vos cien mil ovejas;
> vellocinos de plata
> daros en ellas trata,
> que se blasonen dignos
> como el de Colcos ...

In Greek mythology Jason ('el de Colcos') went in search of the Golden Fleece. The reference here to 'vellocinos de plata', while more appropriate as an image for sheep, also suggests a play on the idea of the original silver content of *vellón* (for which *vellocino* was sometimes used as a synonym), as well as a reminder that the first *moneda de vellón* took its name from a Roman coin bearing the picture of a sheep (see Covarrubias).

If the play is considered against the turbulent background of the 1620s it takes on a new perspective, particularly since its main theme revolves around the metaphor of the world-upside-down as exemplified in the spectacle of harmony disrupted and restored (see further discussion under 'Structure and Themes'). The play sternly warns of the pitfalls awaiting a weak and indecisive king as well as of the dangers of abdicating authority to someone whose rule is unlawful and corrupt; it raises the question of justice perverted and the thorny dilemma of whether a subject must remain loyal when the demands of those in authority are flagrantly unlawful. Finally, it offers a terrible example of the consequences of the abuse of royal power. In the suggestible atmosphere of the *corral* those themes could not fail to be provocative if they were perceived to reflect the preoccupations of contemporary Madrid. Indeed, if Miss Kennedy and others are correct in assuming that this play is one of several which Tirso wrote to express opposition to the new régime, then it would not be surprising that the authorities found these themes unpalatable and that ultimately Tirso was effectively silenced for his imprudence.[7]

TIRSO'S OLD TESTAMENT PLAYS

La mujer que manda en casa is one of three plays by Tirso which are based on material in the Old Testament. The companion plays are *La venganza de Tamar*, which tells the story of the incestuous love of Amnon, King David's eldest son, for his half-sister Tamar (taken from II Kings 13), and *La mejor espigadera*, the story of Ruth, whose marriage with Bohoz founded a line of succession which eventually led to the birth of the Messiah.[8]

---

[7] See R.L. Kennedy, *Studies in Tirso*, especially p.355. In another study, 'La perspectiva política de Tirso en *Privar contra su gusto*, de 1621, y la de sus comedias políticas posteriores', in *Homenaje a Tirso* (Madrid: *Revista Estudios*, 1981), Miss Kennedy asserts with a good deal of confidence that *La mujer que manda en casa* was written in 1623. As evidence, she suggests that Acab's persecution of the prophets of Yahweh in the play is an allusion to the persecution at the beginning of Philip IV's reign of the former ministers of Philip III (p.232). Elsewhere, I have myself suggested that a number of elements in the play can be construed as references to the trial and execution of one of these ministers, Don Rodrigo Calderón (in *A Critical Edition of Tirso de Molina's 'La mujer que manda en casa'* (unpublished doctoral dissertation, University of Oxford, 1975), 191-243).

[8] A.K.G. Paterson believes that *La venganza de Tamar* was written during the period 1621-24 (*Tirso de Molina, La venganza de Tamar* (Cambridge: Univ. Press, 1969), 27). Ruth Lee Kennedy opts for 1622 (*Studies in Tirso*, I, 140n.). Doña Blanca de los Ríos dates *La mejor espigadera* from 1614 (R.I, 973b); however, it is probable that it, too, was written, or at least revised, during the early 1620s.

The three plays have received comparatively little critical attention until recently, probably because much of their meaning is lost upon a modern reader.[9] For Tirso's contemporaries the Bible was a familiar companion: sermon writers and emblematists, poets, dramatists and painters all drew upon scriptural material as a living source of inspiration and a rich mine of example and image which unfailingly served their various didactic and artistic purposes. Such constant reference to Scripture and its exegetical interpretation assured an informed response on the part of readers and spectators.

Another essential element in these plays which is lost to us is the impact of the actual theatrical performance on the contemporary audience. However, some recent studies of the staging of *comedias* and *autos* are leading to a new understanding of seventeenth-century drama in Spain.[10] Moreover, where the doctrinal background of a play such as *El condenado por desconfiado* may once have daunted a modern reader, now it seems that our critical view of the world has changed enough for us to accept the fact that the dilemmas of Paulo and Enrico are not without equivalent in our own society, whatever names we choose to give those dilemmas. Similarly, a lack of familiarity with the Bible need not prevent us from recognizing that Tirso is dealing with perennial problems in his Old Testament plays.

In each of the three plays Tirso skilfully adapts the Biblical source so that it acquires unity and coherence as well as a distinctive moral emphasis. In *La mejor espigadera* Tirso takes the brief account of events from the first chapter of the Book of Ruth and fashions it into a plot which, by dwelling on the relationship between several couples, serves to emphasize the strength which lies in virtue when it is steadfastly maintained in the face of violence and wrongdoing: a mother defends her son against a starving father who claims the right to eat

---

[9] Among recent studies of these plays see A.K.G. Paterson (critical edition cited above); Edward Glaser, 'La mejor espigadera de Tirso de Molina', *Lettres Romanes*, XIV (1960), 199-218 and 'Tirso de Molina's *La mujer que manda en casa*', *Annali dell'Istituto Universitario Orientale* (Sezione Romanza), II (Naples, 1960), 25-42; Serge Maurel in *L'Univers dramatique de Tirso de Molina* (Poitiers: L'Université de Poitiers, 1971), 35-60 and 331-43; Robert Fiore devotes a chapter to *La mejor espigadera* in his perceptive book *Drama and Ethos: Natural-Law Ethics in Spanish Golden Age Theater* (Kentucky: University Press, 1975), 23-37. Duncan Moir mentions the three plays enthusiastically in E.M. Wilson and D.W. Moir, *The Golden Age: Drama 1492-1700* (London: Ernest Benn, 1971), 94-95; and Margaret Wilson includes a short but stimulating introduction to the plays in *Spanish Drama of the Golden Age*, 110-13; see also her comments about *La venganza de Tamar* in *Tirso de Molina*, 71-74 and 80-81.

[10] See N.D. Shergold, *A History of the Spanish Stage from Medieval Times until the end of the Seventeenth Century* (Oxford: Clarendon Press, 1967); also essays by J.E. Varey, Lucette Roux and J.-L. Flecniakoska in *Le Lieu Théâtral à la Renaissance*, ed. Jean Jacquot (Paris: Centre National de Recherche Scientifique, 1964), 215-52.

his child; Nohemí defies her husband in order to feed the poor and patiently bears the trials of exile; Rut gives up her throne and her country in order to follow her mother-in-law into exile and poverty. Duncan Moir writes that, 'Like *El condenado por desconfiado*, this play concerns the three theological virtues, and in particular, the supreme virtue of Charity'.[11] Rut earns the title of 'mejor espigadera' because her labours in the harvest field have a symbolic significance: her encounter there with Bohoz will ensure the future birth of Christ. It is for this reason that the play ends on an idyllic note: the pastoral setting proclaims a joyous anticipation of this event.

La venganza de Tamar sounds an altogether different note. In this play Tirso creates a taut and powerful drama about the complexity of human passions and weakness. As Dr A.K.G. Paterson shows in his edition of the play, it explores the themes of justice and mercy while extending the moral implications far beyond the conventional exemplary approach. The traditional story of Amnon and Tamar is handled in such a way that the moral focus falls on the dilemma of David as father and king. Tamar exacts the vengeance demanded by honour, but David must choose between punishing his son and forgiving him. Paterson argues convincingly that the play should be seen as a tragically human drama which skilfully uses religious symbolism in terms which a contemporary audience could understand.

> Without for a moment preaching to his audience, Tirso has so handled his topic that we are left free to discover, within a version of violence, a truth that faith asserts in the face of violence. Tragic outrage, ruthlessly and even perhaps cruelly exploited by Tirso, is part of a deeply compassionate purpose.[12]

Like the other two plays, *La mujer que manda en casa* displays Tirso's ability to select and mould the Old Testament material so that what emerges bears the mark of his own distinctive imagination. All three plays celebrate a turning point in the history of the Jewish people, but for Tirso the importance of this moment is seen from the Christian viewpoint: as an affirmation of the strength of Christian values in the face of conflict, violence and despair. Each play addresses the central theme in a different way and succeeds in making

---

[11] *The Golden Age: Drama 1492-1700*, 94.

[12] *La venganza de Tamar*, 27.

it accessible to a seventeenth-century audience whose own concerns were centered primarily on the shortcomings of their own lives or on the turmoils and intrigues of the Court. (Of course a Spanish audience at this time would not be unaware of external forces such as the lurking threat of Protestantism to which their preachers were constantly alerting them, but this could only be of secondary importance to the ordinary man in the same way that we regard most political problems today.) These plays succeed on two levels: as mirrors of familiar human behaviour and as reflections of a higher purpose and design.

Striking, too, is the evocation of mood in the plays: the pastoral and lyrical mood of *La mejor espigadera* contrasts with the atmosphere of tension and threatening tragedy in *La venganza de Tamar* and *La mujer que manda en casa*. Yet when they are examined closely, it can be seen that the three plays complement each other: for example, in the treatment of common themes such as feasting and starving and the symbolical use of landscape.[13]

In his treatment of these Biblical episodes Tirso suggests that God's purpose can only be understood when it is viewed as a whole, and the tragedies and the triumphs are seen, not in isolation, but as balancing forces. From this perspective, we see that the all-powerful Jezabel is condemned for her vanity and presumption whereas patient, gentle Rut is destined to play a vital part in the scheme of Man's salvation. On the human level, the protagonists are often torn between two choices: David between irreconcilable extremes of justice and mercy; Rut between her duty to her Moabite upbringing and her love for the Israelite Masalón (whose death will lead her to follow her mother-in-law into exile); Elías between faith and doubting; Nabot between the conflicting demands of loyalty to God and to his king. A common theme emerges in the plays: that life and human nature are both full of paradoxes and that the conflict posed by these paradoxes must constantly be faced and resolved.

---

[13] A discussion of the symbolic uses of landscape in *La mujer que manda en casa* is found under 'Structure and Themes'. A study of landscape in the other two plays still needs to be undertaken.

The Jezebel Story as a Source of 'Ejemplaridad' in the Sixteenth and Seventeenth Centuries

When the Society of Jesus set out to establish colleges throughout Catholic Europe its founders were not slow to appreciate the value of drama as a persuasive instrument of moral instruction. It seems evident, moreover, that the plays which they wrote were not merely designed for the edification of the pupils who performed them (although this was naturally an important function of the plays), they were also intended to move the audience to 'admiración, espanto y lágrimas'.[14]

The Bible, and particularly the Old Testament, provided Jesuit dramatists with ample material to satisfy their didactic purposes. The succession of events associated with the figures of Jezebel, Ahab, Elijah and Naboth was particularly suited to these purposes as a source of wisdom and entertainment.[15] The story of Elijah defending Yahweh against the threat of Baal and his followers offered a useful parallel with the conflict between Catholics and Protestants in Europe after the Council of Trent. Similarly, the account of the downfall of tyranny and the fleeting nature of power served as an appropriate lesson for princes. In addition to these political considerations, there was the spectacle of Jezebel thrown to the dogs as a stern warning against vanity and presumption. All these themes provided suitable material for the instruction of the young students who attended the Jesuit colleges.

As the Jesuits gradually widened their audience and sought to influence the laity as well as their own students, it became the custom to write sections of the plays in the vernacular, or in macaronic latin. This is the case with an anonymous play which goes by the title of the *Tragaedia Jezabelis*. According to Nigel Griffin in his edition of the play, it was probably written and performed in Medina del Campo sometime after the year 1565.[16] It consists of both verse and prose passages in a mixture of Latin and Castilian. Although Griffin considers it a modest and somewhat crude work by comparison with other

[14] For background reading see Nigel Griffin, *Jesuit School Drama: A Checklist of Critical Literature* (London: Grant and Cutler, 1976).

[15] Nigel Griffin provides a checklist of Jesuit plays written about the Ahab and Jezebel story and discusses reasons for their popularity in *Two Jesuit Ahab Dramas* (Exeter: Univ. Press, 1976), vi-xviii. See also his article 'Miguel Venegas and the Sixteenth-Century Jesuit School Drama', *MLR*, LXVIII (1973), 803-06.

[16] Griffin, *Two Jesuit Ahab Dramas*, v and xiii.

Jesuit plays, it is nonetheless an interesting example of an early adaptation of the source material for the benefit of a Spanish audience. The author seems to have been a confirmed misogynist. He also had an ear for popular speech. The comic and human touches (which include references to local people and places) anticipate Tirso's own more skilful handling of comedy and theatrical effect as a means of leavening the scriptural and doctrinal content.

The play ends with verses spoken by the chorus commenting on Jezabel's fate and concluding with the moral statement:

> Todo passa, todo muere
> nadie del mundo confie
> y su aparencia;
> quien mas prospero se viere
> por su antojo no se guie
> ni potencia.[17]

The manner of Jezabel's death here becomes an explicit image of 'desengaño', a theme which constantly recurs in the moral literature of sixteenth- and seventeenth-century Spain.

The fifth emblem of the Third Book of Horozco y Covarrubias's *Emblemas morales* (Segovia, 1589) is also devoted to the subject of Jezabel's death. The plate shows three dogs devouring Jezabel's corpse at the foot of the tower from which she has just been cast down. The accompanying latin motto 'Haeccine Jezabel' is glossed by a sonnet in Castilian and a moral disquisition in prose.[18] The theme which the emblematist pursues accords with the moral stated in the closing verses of the *Tragaedia Jezabelis*; it goes further in pointing to a parallel between the consequences of Jezabel's flagrant impiety and the fate which can be expected by the Christian who is careless of his soul. Horozco duly bids the Christian prepare his soul in life so that in death it may not be disfigured by sin.

Another example of the way in which the story of Jezebel was used to illustrate contemporary thoughts on 'desengaño' is found in a book entitled *Elogios de mujeres insignes del Viejo Testamento*, by Don Martín Carrillo, Abbot of Montaragón (Huesca: Pedro Blusón,

---

[17] Griffin, 162.

[18] The motto is an abbreviated quotation from the Vulgate text (IV Regum 9. 37) which ends with the words: 'Haeccine est illa Jezabel?'

1627).[19] This work offers examples of women who were noted for
their virtues, but it also includes several who, like Jezebel, were
notorious for their vices: 'Para que sirvan de ejemplo a las virtuosas,
por la perpetua infamia que queda de su mala vida a ellas y a sus
cosas, y sean ansi mesmo ejemplo de guardarse las buenas.'[20] Jezebel
is represented as a 'monstruo de maldad' and the abbot reminds the
reader that noble birth and high rank are no guarantee of virtue, but
rather offer greater temptations for the indulgence of selfish appetites.
The closing sonnet is a stark 'memento mori' and bears the title 'A los
huesos de la misma. Epitafio'. It ends:

> Las carnes que animo su vida austera
> Sepultan las entrañas de algun perro,
> Que fue el justo sepulcro de una loba.[21]

The story of Jezebel in the seventeenth-century Spanish theatre

Although the figure of Jezebel was an appropriate subject of moral
exempla, in the theatre she was rarely the chief protagonist. In fact, it
was the figure of Ahab who seems to have dominated the Jesuit
theatre, probably because the Jesuits wished to focus attention on the
responsibilities of kingship, whereas in the Spanish theatre of the
seventeenth century the figure of the prophet Elijah gradually gained
preference. The reason for this change can probably be found in the
growing taste for elaborate stage effects. Two episodes traditionally
associated with Elijah — the contest on Mount Carmel with the
prophets of Baal and his final ascent to heaven in a fiery chariot —
particularly challenged the ingenuity of those charged with inventing
tramoyas.[22]

Several well-known writers for the theatre other than Tirso were
attracted by the dramatic possibilities of the Ahab/Jezebel stories.
The earliest of these plays is attributed to Calderón, who is thought to

[19] The book is dedicated to the Infanta Margarita of Austria, daughter of the Emperor
Maximilian II and of Philip II's sister Doña María; she preferred to take the veil rather
than marry her uncle the king.

[20] From the 'Advertencia al Lector de estos Elogios', (fols. 166^r-173^v).

[21] *Elogios de mujeres*, fol. 173^v.

[22] In *La vida y rapto de Elías*, by Matías de los Reyes, the gift of divine fire on Mount
Carmel is represented by a 'cohete', and Elías goes up to heaven in a chariot 'pintado de
llamas de fuego'. In Rojas Zorrilla's *La viña de Nabot* appear the directions 'ay
terremoto', 'lluebe fuego' and 'vaja una nube y lluebe'.

have written it in 1613 at the age of thirteen.[23] The play, which subsequently disappeared without trace, was called *El carro del cielo*, with the subtitle *San Elías*.

In 1629 Matías de los Reyes published a version of the story with the title *La vida y rapto de Elías*.[24] Although there are some similarities to Tirso's play, both in structure and text, *La vida y rapto de Elías* lacks the originality and imaginative use of the Biblical material which is such a notable feature of *La mujer que manda en casa*.

When Francisco de Rojas Zorrilla turned his attention to the story some years later (in 1648) he chose the theme of Naboth's vineyard as the subject of an *auto sacramental*.[25] In *La viña de Nabot* Rojas follows the typological symbolism of the vineyard as representing both the Christian soul and the Church and introduces a number of abstract figures (el Trabajo, Fe, Esperanza, Caridad, Ira, Soberbia and Envidia). Nabot plays a secondary role and eventually dies at the hands of Soberbia and Ira. The part of Man is represented by the character Jeub (Jehú) who is first betrothed to Jezabel, then rejected by her in favour of Acab; at the end of the play Jeub, in turn, rejects Jezabel and gives his hand to Zelfa (who symbolizes humility).

Another play which survives from the seventeenth century is a *comedia de santos* by Bances Candamo, *El vengador de los cielos y rapto de Elías*.[26] Jezabel scarcely features in the play and the other characters are entirely subordinated to the central figure, Elías. This emphasis weakens the play because, as a dramatic figure, Elijah is the least interesting of the four protagonists. It would seem that Tirso recognized this problem and was careful to avoid it.

One detail in Bances's play appears to have been taken directly from *La mujer que manda en casa*: Acab orders that a splendid banquet be prepared, in the course of which two ravens descend, seize 'un panecillo' and 'la polla del plato' and carry them to Elías in the

---

[23] See Cotarelo y Mori, *Ensayo sobre la vida de Calderón* (Madrid: *Rev. de Archivos, Bibliotecas y Museos*, 1924), 52 and 117.

[24] Published in Jaén in 1629. Reyes claims in the *Dedicatoria* to *El agravio agradecido* (published in 1622) that he was a fellow student of Tirso's 'desde las primeras letras'. Cotarelo y Mori suggests that this refers to the University of Alcalá (in *Tirso de Molina: investigaciones bio-bibliográficas* (Madrid: E. Rubiños, 1893), 27-28).

[25] Edited by Américo Castro in *Teatro Antiguo*, II (Madrid: Sucesores de Hernando, 1917), 123-72.

[26] Although there is no recorded date for the composition of this play, a performance of it was given on the 14th February, 1686, in the Salón de Palacio by the company of Manuel de Mosquera. N.D. Shergold and J.E. Varey, *Fuentes para la historia del teatro en España, I. Representaciones palaciegas, 1603-1699. Estudio y documentos* (London: Tamesis, 1982), 250.

desert.[27]

In all the plays and emblematic literature mentioned here the central theme remains that of the age-old struggle between good and evil. At the same time, however, a number of minor themes gradually emerge which reflect contemporary concerns. We discern a heightened awareness of the folly of worldly vanity and ambition and a desire to draw attention to the terrible price which must be paid by those who, like Jezebel, pay no heed to timely warnings. In an age preoccupied with 'desengaño' these are examples to avoid, not to imitate. They are designed to bring about that special state of mind known as 'escarmiento', from which can follow 'advertencia' and, ultimately, 'prudencia'.

THE BIBLICAL SOURCE

La mujer que manda en casa is based on the following episodes taken from the Third and Fourth Books of Kings:[28]

III Kings	16.	29-33
	17.	1-24
	18.	1-46
	19.	1- 8
	21.	1-16
IV Kings	9.	1-37

In shaping the plot of the play Tirso draws on four main events as recounted in the Biblical source: the disastrous marriage between Ahab, King of Israel, and Jezebel, daughter of the king of Sidon; Jezebel's attempt to replace the worship of Yahweh in Israel with the idolatrous cult of Baal, and her subsequent conflict with the prophet

[27] *El vengador de los Cielos y rapto de Elías* (Barcelona: Juan Centené y Juan Serra, n.d.), fol. A3^V.

[28] This edition follows the example of the Latin Vulgate in referring to Kings I-IV. In non-Roman Bibles the first two Books of Kings are called Samuel I and II. It is debated as to whether Tirso was influenced by Flavius Josephus's version of the stories of Jezebel, Ahab, Elijah and Naboth, as told in the *Jewish Antiquities*. J.C.J. Metford concluded that Tirso wrote the play before he became interested in the works of the Jewish historian ('Tirso de Molina's Old Testament Plays', *BHS*, XXVII (1950), 163).Sra. de los Ríos, on the other hand, thought that Tirso consulted Josephus's work as background for both *La vida y muerte de Herodes* and *La mujer que manda en casa* (R.I, 1565b). It seems evident, in fact, that Tirso used Josephus as a source of minor descriptive details: see notes on verses 185, 2276 and 2693.

Elijah; the story of Naboth the Jezreelite who refuses to give up his vineyard to Ahab and who is put to death by Jezebel's contrivance; and the account of Jezebel's own death at the hands of Jehu.

In a major departure from the source, Tirso develops the role of Naboth at the expense of that of Elijah. Ahab is also diminished in importance so that the figure of Jezebel becomes more dominant than in the original. As a result of the reduction of these two roles a number of episodes which are associated with them in the Biblical account are either eliminated or compressed into a few lines and recounted by other characters. For example, the story of Elijah and the widow of Sareptha, which in III Kings takes up almost a whole chapter (7.8-24), receives only five lines in the play (1759-63). The first part of III Kings 18 is likewise compressed (Jehú simply refers in passing to the meeting between Elías and Abdías and no mention is made of the part which Ahab allegedly took in the search for Elijah). The contest on Mount Carmel is reported in full (even with embellishments), but Elijah's encounter with Yahweh on Mount Horeb (III Kings 19.10-18) is not mentioned at all. Indeed, after the beginning of Act III Elías does not appear again in the play and his ascent to heaven 'en carroza de eternos resplandores' is described in three lines (2710-12).[29] Acab suffers a similar eclipse: after Jezabel acquires the vineyard for him in the middle of Act III, he is not mentioned again except to recount the manner of his death in eight short lines (2698-705).

It is interesting to note that most of the scenes omitted from the original (or relegated to narrative background) are those which would have required elaborate staging. On the other hand, the details which have been added to the play chiefly involve characterization and, although these details are in themselves quite minor, their effect on the plot is often considerable. For example, Tirso invents a wife for Nabot — Raquel, who acts as a dramatic foil both for her husband in the first part of the play and for Jezabel in the second part.[30] Tirso also invents Criselia to take the part of the queen's confidante and other characters are supplied for the purpose of creating a comic counter-

---

[29] Tirso also omits any reference to Elisha who, according to IV Kings 9.1, was responsible for sending a messenger to Jehu to anoint him and inform him of his divine mission.

[30] Tirso's development of Raquel is also at the expense of Elías. The anathema which Elijah pronounces against Jezabel and Ahab after Naboth's death (III Kings 21. 17-26) is adapted and transferred to Raquel's lips in her powerful scene of denunciation over Nabot's body (2507-42). Tirso takes care to preserve the element of divine intervention (which is missing from Raquel's speech) by having Abdías report immediately afterwards that Elías has also prophesied a similar fate for the royal couple, 'por mandado de Dios' (2550-58).

point; both these functions are essential to the structural and thematic development of the play. In the case of Jehú the role is extended for the sake of maintaining continuity in the plot: Tirso casts him as a member of the royal household long before he is called upon to be the agent of divine punishment against the house of Acab.

The most important addition to the plot is Jezabel's infatuation with Nabot and her attempt to seduce him. It is a device which succeeds in unifying the action by drawing in the other characters and events so that they move around this central confrontation and its repercussions. For the rest, Tirso compresses, rearranges and adapts the Biblical material with imagination — for example, the detail of the ravens who steal the food for Elijah from the royal table is delightfully ingenious. It is through such characteristic touches that Tirso sets an unmistakable mark upon his material.

STRUCTURE AND THEMES

The world-upside-down

The structure of the play is built on the central metaphor of the *mundus inversus*, the world-upside-down. This *topos* was well-known throughout Europe in the sixteenth and seventeenth centuries; its roots can be traced to classical Greece where, according to Ernst Curtius, it originated as a rhetorical device.[31] In medieval Europe the *topos* became a part of the goliardic tradition of poetry and songs which parodied sacred subjects (e.g. the 'drunkards' masses' and the celebration of profane love). It is also to be found in the burlesque element of medieval carnival, so strikingly expressed in the irreverent and often grotesque distortions which are a distinctive feature of Rabelais' work. Mikhail Bakhtin analyses this aspect of the great French writer in an illuminating study which shows how the presentation of grotesque extremes and reversals is closely linked to the realities of birth and death and the ever-recurring myth of destruction and regeneration.[32]

---

[31] E.R. Curtius, *European Literature and the Latin Middle Ages*, translated by Willard R. Trask (New York: Harper and Row, 1963), 94-98.

[32] Mikhail Bakhtin, *Rabelais and his World*, translated by Helène Iswolsky (Cambridge, Mass.: M.I.T., 1968); in particular, see chapter 3, which examines the significance of popular-festive forms in Rabelais. The entire book presents a probing discussion of the concept of comic and grotesque parody as a means of exploring what Bakhtin calls the 'contradictory and double-faced fullness of life' (62). Many of Bakhtin's ideas are relevant to the study of Golden Age theatre as well as the art of

By the Middle Ages the notion of the world-upside-down had also been assimilated by the Christian homiletic tradition and it is as a means of illustrating the theme of 'desengaño' that it features most prominently in sixteenth- and seventeenth-century Spanish literature. The Flemish painter Hieronymus Bosch, whose paintings were greatly admired at the court of Philip II, is praised by Gracián for painting so well the paradoxical condition of men:

> Oh ¡qué bien pintaba el Bosco! Ahora entiendo su capricho. Cosas veréis increíbles. Advertid que los que habían de ser cabezas por su prudencia y saber, esos andan por el suelo, despreciados, olvidados y abatidos; al contrario, los que habían de ser pies, por no saber las cosas ni entender las materias, gente incapaz, sin ciencia ni experiencia, ellos mandan y así va el mundo que no tiene pies ni cabeza, de merced se le da el descabezado.
>
> (*El criticón*, Crisi VI, 'Estado del siglo')

As a mirror of 'desengaño', the *topos* almost invariably follows a circular presentation, passing from the inversion of the world to its return to harmony and order: it specifically presents a parody of the accepted order (whether in the universe, in nature, in society, or man himself) in order to reflect on man's relationship with God.

Tirso's own preoccupation with the theme is evident from his use of it in two other plays with the explicit titles *La república al revés* and *El pretendiente al revés*. However, it is in *La mujer que manda en casa* that he gives the theme its most subtle and effective treatment.

The very title of the play is indicative of the way in which the metaphor will be used. It is based (as is the case with a number of Tirso's plays) on a popular proverb: 'La mujer debe gobernar la casa y el marido el arca (or 'la caja').'[33] The fact that only the first half of

Cervantes (and see H.W. Sullivan's comments on the importance of this concept with reference to Tirso in *Tirso de Molina and the Drama of the Counter Reformation* (Amsterdam: Editions Rodopi, 1976), 146-47). A modern example of the *topos* is found in *Carmina Burana*, Carl Orff's brilliant musical setting of thirteenth-century student songs. With particular reference to Spain, Helen Grant has studied the *topos* in 'El mundo al revés', in *Hispanic Studies in Honour of Joseph Manson*, ed. D.M. Atkinson and A.H. Clarke (Oxford: Dolphin Books, 1972), 119-37; and in 'The World Upside-down', in *Studies in Spanish Literature of the Golden Age*, ed. R.O. Jones (London: Tamesis, 1973), 103-35.

[33] Quoted in J.M. Sbarbi, *Diccionario de refranes* (Buenos Aires: J. Gil, 1943), 659b. Other proverbs make the point that even in the home the woman must be kept firmly in her place: 'La mujer sólo manda en la cocina' (Sbarbi, 664b), and 'La mujer y la sardina, de rostros en la cocina' (Sbarbi, 666a). Tirso's own views on the correct

the proverb appears in the title makes the ironical point that the
balance advocated in the ideal household is lacking in the play: this
husband, in fact, has no authority either within the home or outside —
he is a nonentity. Since Acab is also a king as well as a husband, and
the house referred to is the kingdom of Israel, a serious reversal of
social and natural order is implied. On two other occasions in the play
the significance of the title is stressed (lines 918-19 and 2560-62) and
finally, in the closing lines, after order has been restored and justice
dispensed, the moral is drawn once and for all:

> y escarmiente, desde hoy más
> quien reinare; no permita
> que su mujer le gobierne,
> pues destruye honras y vidas
> la mujer que manda en casa,
> como este ejemplo lo afirma.

The idea of disharmony and values turned topsyturvy is presented
at the outset. King Acab returns victorious from battle to greet his
wife, Jezabel; but instead of the conventional scene of reunion, their
meeting resembles a confrontation of rival armies. The spectacle of
Jezabel dressed as a huntress, attended by dogs, ironically anticipates
the reversal of the play's ending when Jezabel herself will die like a
hunted animal, torn to pieces by dogs.

The character of Jezabel is revealed in her first words. After Acab's
extravagant and adulatory greeting, she blazes back at him,
reproaching him for failing to establish the cult of the Tyrian god
Baal, whom she worships, as the sole religion of Israel. She withdraws
her hand when he tries to kiss it, indicating that he can no longer
expect to enjoy her favours until he complies with her wishes. A note
of sexual tension is sounded which will grow ever more insistent as the
play unfolds.

The implacable side of Jezabel's nature is further revealed in her
mocking defiance of Yahweh, whom she denigrates as a vengeful and

---

balance of authority in the home are best expressed in *Antona García*, when Queen
Isabel instructs Antona on her duties as a married woman:

> No os preciéis de pelear,
> que el honor de la mujer
> consiste en obedecer,
> como en el hombre el mandar. (R.III, 412.)

See also F.C. Hayes, 'The Use of Proverbs as Titles and Motives in the Siglo de Oro
Drama: Tirso de Molina', *HR*, VII (1939), 310-23.

impotent God. Then, artfully, she hides her ruthlessness behind a show of tears. Acab's immediate capitulation to Jezabel's demands is an ironic revelation: while this king may be the scourge of his enemies, he is completely dominated by his wife; he even admits as much when he says,

> la corona de Israel
> tiene en mi esposa su esfera. (190-91)

In the *cuadro* which follows we witness the quiet and affectionate reconciliation between Nabot and his wife Raquel. Jezabel's refusal to give her hand to Acab in the previous scene is here matched symbolically by Nabot's offering of his arms in an embrace which his wife joyfully accepts. The point is made that, in contrast to the royal couple, this *ménage* is a harmonious one because the wife knows her place and acts accordingly.

Nabot is shown to be a devoted husband and a respected citizen of Jezrael with property adjoining the royal palace (380-85). Moreover, he evidently enjoys a position of favour since, when Jezabel sends for him, he assumes that she wishes to consult him on some civic matter:

> Soy ciudadano en Jezrael de estima,
> está la Reina en ella,
> querrá que vaya a consultar con ella
> algún negocio grave
> que con el pueblo en su servicio acabe. (361-65)

Nevertheless, Nabot is troubled because Acab, who commands his loyalty as a subject, has renounced Yahweh, whom Nabot and Raquel acknowledge as the true God. Husband and wife blame Jezabel for the king's apostasy and deplore her influence on him:

> Tiénele loco y ciego,
> rendido el amoroso y torpe fuego
> de esta mujer lasciva,
> que, idólatra, le postra y le cautiva. (258-61)

They also describe the orgiastic practices which accompany Jezabel's worship of Baal. The unholy cult creates another element of disharmony: it opposes the true religion and, by enslaving men's passions, it makes them behave like animals:

> desde el noble al jornalero
> como si fuera bruto,
> paga al deleite escandaloso fruto. (313-15)

it also perverts the social order:

> allí tal vez la dama
> de ilustre sangre y generosa fama
> con el plebeyo pobre
> (mezcla de plata y abatido cobre)
> porque Venus instiga,
> bate moneda amor, de infame liga. (316-21)

In this distorted upside-down world what can God-fearing subjects do when their royal masters set the example for evildoing? The question is posed repeatedly throughout the play. It is scarcely surprising that when Nabot is summoned to Jezabel's presence, Raquel recoils in nervous apprehension. Nabot reproves her for her suspicions; Jezabel is, after all, Acab's consort and as such her command is perfectly proper. Nabot reminds his wife that he himself is an upright man, 'no ofendas mi constancia de esa suerte' (367).

In the following scene between Jezabel and her confidante, Criselia, it becomes clear that Raquel's fears are well-founded. Jezabel horrifies Criselia by confiding her adulterous intentions towards Nabot, but as a servant Criselia is powerless to do more than remonstrate with her mistress.

When Nabot enters and is obliged to remain alone in the presence of the supposedly sleeping queen, the confident posture which he had assumed for Raquel's benefit is soon undermined. Apprehension and confusion gradually overwhelm him as the unpleasant truth of Jezabel's intentions dawns on him, and he is finally driven to the point where he can no longer acquiesce in the name of duty: he obeys a higher call of conscience and reproves the queen for her impious conduct, reminding her that 'en los reyes la piedad/acrecienta la grandeza' (670-71). Such would be the case in an orderly world, but these values have no meaning in a world turned upside-down.

Jezabel is also driven to unmask herself and reveal her true feelings. She abandons the pretence of sleep which she had affected in order to speak freely of her feelings to Nabot and speaks out plainly. The scene builds to a fine climax in which Jezabel recklessly declares her willingness to kill her husband if Nabot will accede to her wishes, and Nabot, with equal recklessness, utters the defiant challenge which subsequent events will prove all too prophetic:

> Antes que la ley olvide
> (que en Sinaí nos dio Moisén) ...
> que me llame desleal
> Raquel, a quien he adorado;
> por un falso testimonio
> me juzgue mi patria aleve,
> me saque al campo la plebe,
> me usurpe mi patrimonio,
> y apedreado de todos,
> en vez de alabastro pulcro
> montones me den sepulcro
> de piedras de varios modos. (700-15)

The scene is a masterly study of two people who are pushed beyond the limits of civility to reveal their inner feelings.

Acab's entrance at this point, as he eagerly brings the news that he has proclaimed the cult of Baal in Israel, dramatically cuts short the altercation. Jezabel must contain her rage (although she mutters threats of revenge as Nabot withdraws). Nevertheless, her reply to Acab betrays her aroused feelings as she now offers him not merely the hand so recently refused, but her whole embrace (an action which is additionally ironic in view of the fact that she has just told Nabot that she is prepared to kill her husband).

During the following scene in which Elías denounces Acab for his apostasy, Jezabel continues to fulminate against Elías and his 'secuaces agoreros'; it is clear that her hatred for the prophet and his religion will henceforth be fused with her quarrel with Nabot. By the end of the act it seems that the world is indeed turned awry when, as Elías states, the king wears his crown 'no en la cabeza, en los pies' (821) — an image which comes close to Gracián's ironic description of contemporary times in *El criticón*. On the other hand, when Elías levitates out of reach of Acab's dagger he brings the reassuring reminder that

> Ansí sabe Dios guardar
> a los que esperan en El. (890-91)

The first Act presents all the threads of the plot (thereby obeying

Lope's precept: 'En el acto primero ponga el caso'). After the clarity and taut structure of this act, the second Act appears at first reading to lack coherence and unity. However, the central metaphor of topsy-turviness provides a unifying thread as each succeeding *cuadro* elaborates the theme and adds to the texture of the play.

The comic episode with which the second Act opens seems designed to show that it is the innocent peasants who suffer most from the drought which Yahweh has sent to punish the ungodliness of the king and queen. As the shepherd Dorbán observes,

> No se enmiendan nuestros Reyes,
> y así crecen nuestras quejas. (972-73)

Lisarina, the shrewish shepherdess, is a parody of Jezabel, particularly when she asserts herself forcefully in the *junta*. When Coriolín expresses surprise at her presence there, she replies, 'Las mujeres/ también damos pareceres', which provoked Zabulón to ask '¿Y serán buenos?'; and Coriolín to exclaim:

> ¡Par Dios!
> si los vuesos son del talle
> que los que Jezabel da,
> el dimuño os trujo acá. (937-43)

The modern reader finds difficulty in understanding the humour in Golden Age plays, let alone in appreciating it. This is because humour, particularly in the theatre, frequently draws its effect from topical references and the knowing response of the audience. The comic scenes in *La mujer que manda en casa* are often elusive in this way and the reader is aware that they contain a further level of allusion which for the most part is beyond his penetration. For example, when the peasants cast votes to see whose animal must be sacrificed first to satisfy their hunger, Dorbán says:

> El más mozo es Coriolín
> del puebro: voto por él. (1000-01)

The humour seems to have a grim undertone, as Coriolín's reply, 'Dorbán, siempre sois cruel', confirms.[34] This is further borne out by

---

[34] A similar scene is found in *La mejor espigadera* in which a starving father claims the right to eat his own son (R, I, 984-85). The point of both scenes is that this cruelty is the

Coriolín's reference to the 'capa del justo' which, together with the selection by drawing lots, adds up to a wry allusion to the account of the disposal of Christ's garments at the Crucifixion (see end-note 1011-22).

The subsequent treatment of Coriolín at the hands of Lisarina and the fact that in Act III he refers to his recruitment into the army by yet another system of casting lots (see end-note 2567), confirms the impression that Coriolín — like Nabot — is an innocent victim, both of the malice of his neighbours and of circumstances over which he has no control. This impression is also consistent with the concept of a world in which values are inverted because those who are in a position to set a good example fail to do so. If the king and queen are cruel and unscrupulous, why should their subjects behave any better?

In the palace garden where the royal pair prepare to dine *al fresco* Acab is shown to be unable to act like a man: his superstitious fear when he sees the raven carrying off the food provokes Jezabel's scornful taunts that he is behaving like a woman and in a manner unbecoming to a king (1261-92). Here Jezabel herself points to the distortion of the natural order:

> ¿No te avergüenzas, siendo hombre,
> que te anime el vil sujeto
> de una mujer, que se burla
> de mentirosos agüeros? (1289-92)

The appearance of the ravens in this and the following *cuadro* is a calculated *coup de théâtre* which matches the one at the end of Act I. There is a further structural parallel between the two episodes: just as Elías's miraculous levitation followed immediately after Jezabel's triumphant assertion of her will over Acab, so the appearance of the ravens follows after Jezabel's further assertion of her power over Acab. Both occasions point to the central metaphor and remind us that although the world now appears upside-down and the innocent are unjustly punished (see end-note 1376-88), this apparently hopeless state of affairs is at once offset by the assurance that God does not forget his servants and that with his help they can overcome adversity.

Nabot's fortunes, meanwhile, are fast declining. Raquel's earlier fears have now had time to feed on what she saw (or thought she saw) taking place in the garden, and she is possessed by jealousy. Her lack

result of man's inhumanity to man; it is not the kind of sacrifice which God asks or expects — as the story of Abraham and Isaac in Genesis 22 makes clear.

of faith in Nabot's constancy is understandably human, but her
suspicions add to Nabot's increasing ordeal.

When, in the following scene, Acab appears in the vineyard, Nabot
greets him with pleasure:

> ¡Señor! ¿Vuestra Majestad
> en esta su casa y quinta?
> No en balde se esmalta y pinta
> hoy de nueva amenidad. (1495-98)

But his pleasure turns to dismay when he learnes that Acab has come
to make him an offer for his vineyard. When Nabot refuses to part
with his patrimony, he sets the seal on his eventual fate. Hitherto he
has had to deal only with Jezabel's unacceptable demands. Now he
must offend the king as well. Sadly, he contemplates his shattered
world:

> ¿Qué haré si vienen a ser,
> mi esposa, el Rey, su mujer,
> tres enemigos del alma? (1608-10)

Tirso now delays the inevitable climax by turning back to the comic
subplot — a device which permits him to focus on the main action
from a different and more relaxed perspective.[35] When Lisarina
denounces Coriolín to the soldiers who are searching for Elías, she is
availing herself of an opportunity to avenge her private grievance
against Coriolín in a way which recalls Jezabel's dealings with Nabot.
At the same time, Lisarina's jealousy of 'la mujer de chatas narices' is
a parody of Raquel's jealousy of Jezabel. Finally, true to the practice
of comic writing in the *comedia*, the scene is full of satirical allusions
to topical subjects (in this case, contemporary poets[36]).

The act ends with a long scene in which Jehú gives Jezabel an
account of Elías's contest on Mount Carmel with the prophets of
Baal. By avoiding the temptation to present an elaborate staging of
these events Tirso shifts the emphasis from the more obvious elements
of the original source and places it on Jezabel's reaction to the

---

[35] I.L. McClelland examines Tirso's use of the significant side-scene in *Tirso de
Molina: Studies in Dramatic Realism* (Liverpool: Institute of Hispanic Studies, 1948),
167-86. For a more general study of the use of the sub-plot in Golden Age plays see also
Diego Marín, *La intriga secundaria en el teatro de Lope de Vega* (Toronto and Mexico:
Univ. of Toronto Press and Ediciones de Andrea, 1958), 171.

[36] See end-notes 1689-98 and 1709-14.

account: although she listens in silence, her furious outburst at the end (1907-18) shows that her impatience can no longer be controlled. What is underscored here is the human element, not the miraculous.

The third Act, like the first, is tightly constructed and moves at a brisk pace. Tirso also employs an interesting device whereby he presents a series of scenes in which each of the principal characters is shown alone (or virtually alone) with his thoughts at a moment which is crucial to his future. This is highly effective from a dramatic point of view; it is also an example of Tirso's insight into the complexity of human nature.

The first of these scenes shows Elías, still alone in the wilderness and close to despair. He begs for death, but instead he is visited by an angel who revives him both physically and spiritually. This is the third and final *coup de théâtre* which reminds us that God sustains those who believe in him and wait upon his mercy.

The action then moves to the palace, where Acab is also shown in a state of despair but for no better reason than because Nabot has refused to part with the vineyard. The king's conduct, previously seen to be 'afeminado', is now petulantly childish. Jezabel seizes the opportunity to secure his signet ring — an act which symbolizes the abdication of his authority and represents·the final step in Jezabel's usurpation of the power of the rightful king. It is the ultimate reversal of social order.

In the third of these parallel scenes it is Nabot who is put to the test. Jezabel confronts him with the three silver dishes containing a set of enigmatic objects and accompanying inscriptions.[37] The scene owes much to the influence of the emblem, whose popularity was at its height in the sixteenth and seventeenth centuries. An emblem challenges the reader to match his own wit in deciphering the device against the wit of its inventor and it is no coincidence that emblems are often called enigmas.[38] What is striking here is that Nabot is able to put a different interpretation on the enigmas presented to him from that intended by their contriver, Jezabel. Thus, the sword of Jezabel's evil intentions may be broken by the sword of Divine Justice. The crown, insignia of royal authority, may become the instrument of death turned against one who abuses that authority:

[37] It is conceivable that Tirso borrowed this image from the *Gesta Romanorum* (from which the casket scene in Shakespeare's *Merchant of Venice* derives). In both these works, however, the caskets are closed and the chooser must select according to the inscription: success lies in choosing the humble casket of lead, which contains the desired reward. Although Jezabel's enigmas are not hidden, there is a similar paradox in that the dish which seems to offer the least reward in fact represents the greatest prize.

[38] The language of the scene underscores this point: Jezabel invites Nabot to undergo the test she has prepared for him with the words:

> bajaos y seréis dogal
> con que suspendáis su cuello. (2221-22)

The rope, intended for Raquel's death, may also be turned against her
persecutor and serve as a warning to the idolatrous. At the beginning of
the scene when Criselia had told Nabot that his choice would bring him
'dicha' or 'daño' (2135) he had pondered the meaning of that riddle:

> Dicha que por mano vienes
> de Jezabel, toda engaños,
> no te admito. ¡Honrosos daños,
> vuestros males traen mis bienes! (2151-54)

Now that he has found the real meaning of the enigmatic dishes the
answer to the riddle is also clear: paradoxically, the stones which
would fulfil Jezabel's threat of 'daño' are transformed into a promise
of eternal felicity. Thus Tirso points to the two sides of the paradox:
Jezabel's message indicates one meaning, but it may also be interpreted in reverse (and in this case the reverse is the true meaning).

This fine scene marks an important turning-point in the action of
the play: Nabot has been forced to make a choice which can only lead
to his death. Yet, although Jezabel appears to have won in the sense
that her revenge is certain, we know that in reality she has lost. The
rest of the play will demonstrate the consequences of this defeat. The
balance is ready to tip: the topsyturvy world will slowly return to a
state of order.

For the moment, however, Jezabel still presides over the lives of all
those concerned. We feel this when Nabot throws down the worthless
crown and tramples on it and the queen's voice is heard from within,
warning that his fate is sealed. Similarly, although Jezabel is not
present in the scene in which two citizens read the letter condemning
Nabot to death on a trumped-up charge (which, although it bears the
king's signature, was written by Jezabel), her power is inescapable, as
the citizens ruefully acknowledge:

> Pero quiéroos yo enseñar
> a que enigmas acertéis
> para que sabio quedéis, (2095-97)

Nabot muses while he awaits the ordeal:

> ¡Geroglíficos confusos,
> ya os descifra mi temor!
> ¡Enigmas torpes de amor,
> no admito vuestros abusos! (2139-42)

O morir, o obedecer
porque un 'yo el Rey' puede mucho. (2281-82)

Now it is Raquel's turn to be tested. Alone in the vineyard again, this time her jealousy is overshadowed by the fear aroused in her by a dream in which she has foreseen Nabot's death. When, almost immediately, her fears are confirmed, she denounces Acab and Jezabel in rhetoric reminiscent of Seneca. The sight of Nabot's bloodied corpse instantly transforms her into the resolute widow who will wait out the years of imprisonment with stoic patience.

Tirso's ability to sustain dramatic tension by a judicious use of the pre-crisis side-scene has already been mentioned. Here, in this tautly strung third Act he returns to the comic sub-plot. Coriolín is shown once again as the innocent victim of circumstances who now finds himself drafted into the army. Tirso makes use of the scene to satirize some of the customs associated with the army in seventeenth-century Spain. No doubt he felt that it was time for a comic interlude at this point, not just for dramatic effect, but also for the benefit of the restless 'mosqueteros'. At the same time, it is a further example of the way in which the sub-plot in Golden Age *comedia* can be used to link the play more firmly to the audience's own experience.

The episode leads into the scene in which two soldiers pursuing a prophet are detained by Jehú, who now emerges as a *deus ex machina* in that he will be the instrument of divine justice against Jezabel. The scene demonstrates how a great deal of source material can be compressed into a single unified action: in two brief passages Jehú relates the manner of Acab's death, Elías's ascent into heaven in a fiery chariot, and his own election by God to carry out divine vengeance. By the end of the scene the soldiers have deserted the cause of Jorán (Jezabel's son who is now king) and thrown in their lot with Jehú. Coriolín arrives at the last minute and goes off with them.

This might well have been the penultimate *cuadro* had it not been for Tirso's instinct for theatrical effect. It was surely this instinct which prompted him to write what must be considered the outstanding scene of the play.

A period of years has passed since Jezabel was last seen and circumstances have changed: Acab is dead and life is beginning to lose its savour for her. Yet, at the outset, the queen's curt refusal of Criselia's request that Raquel be released from prison is characteristic of the familiar, vengeful Jezabel; then a new note is sounded, indicating the world-weariness of a woman who yearns after past glories:

Vuelvan a hacer mis cabellos
con los del sol competencia:
que yo sé que en mi presencia
su luz se corrió de vellos.
Riguridad es tenellos
en prisión mientras que lloro;
estas tocas sin decoro
son cárcel que los maltrata;
no es bien que linos de plata
escondan madejas de oro.
Acerca ese tocador. (2821-31)

She seeks consolation in the hollow symbols of beauty and the deceitful image offered by her mirror. There is irony in the fact that in exchanging her black mourning for more festive attire she is, in effect, dressing herself to meet her own death.

The intervention of the mysterious singer, heard from offstage, adds a new dimension to the scene: in one respect it performs the same function as a soliloquy, enabling the dramatist to present the conflict within the character; at the same time, the voice speaks of the forces which are gathering against Jezabel and which presage her downfall.[39]

The gloss on the old *romance* of the widowed turtle-dove is altered so that the details fit the circumstances of Jezabel's harsh treatment of Nabot and Raquel. Jezabel's reaction as she recognises the similarity is one of shock and surprise, then she tries to rationalize the coincidence:

¡Basta! que ya en versos anda
su tragedia, pero digna
es que escarmientos la canten
si traidores la lastiman. (2891-94)

and she resorts to her customary vituperations:

Tiémbleme el mundo: eso quiero;
venganzas me regocijan,

---

[39] The device recalls the scene in Lope's *El caballero de Olmedo* in which Don Alonso hears the mysterious Labrador sing the song 'Que de noche le mataron —' (ed. Francisco Rico (Madrid: Cátedra, 1981, 2374-77)). A similar scene exists in *Los amantes de Teruel* (of disputed authorship, but usually ascribed to Tirso); see R.I., 138b, and I.L. McClelland's comments on this scene in *Tirso de Molina*, 46-47.

> riguridades me alegran,
> severidades me animan. (2895-98)

But when the singer continues, referring to events that she had believed secret, she looks wildly for a plausible explanation:

> Pero si le amé en secreto
> ¿cómo mis celos publican
> versos que mi fama ofenden,
> canción que la satiriza?
> Raquel los habrá contado... (2911-15)

Reassured by this reasoning, Jezabel recollects herself and bursts out in characteristic anger and contempt against those who defy her:

> ¿Quién pudo enfrenar las lenguas
> del vulgo, ni reprimirlas?
> Canten, llámenme cruel;
> que podrá ser que algún día
> las viles cabezas corte,
> por más que son de esta hidra. (2937-42)

But the last word is with the singer:

> '¿Qué importan las amenazas
> del águila ejecutiva,
> si ya el león coronado
> venganzas contra ella intima?' (2943-46)

This forecast of the future is too much for Jezabel. The apprehension which she has resolutely resisted throughout the scene now grips her, she can no longer bear to be alone and calls her servants to her.[40]

From the structural point of view, there is a parallel here with Raquel's premonitions and agitation before Nabot's death. It is also the last of the scenes in which the principal characters are shown at a crucial and testing moment. It is fitting that Jezabel herself, the cause of so much suffering for Elías, Nabot and Raquel (as well as the author of Acab's downfall) should now herself face the moment of truth.

[40] I.L. McClelland discusses Tirso's treatment of the supernatural in other plays in *Tirso de Molina*, chapter 2 (*passim*).

The final *cuadro* presents the *dénouement* in which those who have suffered at Jezabel's hands come together to execute or witness her downfall (which provides a structural pattern similar to the familiar poetic device of 'diseminación — recolección'[41]). With its processional pomp, the scene matches the opening of the play and some of the same symbols are used to emphasize the reversal in the fortunes of those concerned. Whereas at the beginning it was Acab who appeared '*con corona y bastón*', now Jehú carries the *bastón* and receives the crown from Raquel in the name of Jezreel. When Raquel appears with the crown '*sobre una fuente de plata*', this recalls the 'enigmas' scene in which the crown also appeared on a silver dish — in that instance symbolizing Jezabel's usurpation of Acab's authority and her attempt to lure Nabot with a promise to share the usurped throne.

Jezabel, the proud huntress of the first scene, is now herself ignominiously hunted and thrown down to the dogs like an animal at bay. We are forcefully reminded that the topsyturvy world has been restored to its rightful balance and that a new order is replacing the old.[42]

The banquet and the garden

The metaphor of the *mundus inversus* is, as we have seen, based on the idea of two opposing orders: one which aspires to the highest good of which men are capable, a reflection of divine perfection; the other, a parody of this aspiration, the mirror-image in which 'order' becomes tyranny or anarchy. This double view of the human condition is also presented in another image which recurs throughout the play: the image of the banquet.

For Biblical commentators the account in the Third Book of Kings of the feeding of Elijah in the wilderness prefigures the giving of Christ's body as symbolized in the Last Supper.[43] Tirso extends this

[41] The technique is discussed by Dámaso Alonso in D. Alonso and C. Bousoño, *Seis calas en la expresión literaria española*, 3a edición (Madrid: Gredos, 1963), P.R.K. Halkhoree has suggested that Tirso applied this structural patter to *El burlador de Sevilla*: thus all the people whom Don Juan has wronged in the play come together at the end in a collective act of accusation against him (see 'La experimentación dramática de Tirso de Molina', in *Actas del Sexto Congreso Internacional de Hispanistas*, ed. A.M. Gordon and E. Rugg (Toronto: International Assoc. of Hispanists), 1980), 371).

[42] We are also reminded of the image of Fortune's wheel which, like the world-upside-down, can hurl those who are in the ascendant to the lowest depths.

[43] See, for example, Cornelius a Lapide, *Commentarius in Iosue, Iudicum, Ruth, IV Libros Regum et II Paralipomenum* (Antwerp: 1642), II, 190a and 202a.

eucharistic image and combines it with the theme of the rich feasting while the poor starve.[44] Although God punishes Israel for the sins of its rulers by sending a drought which brings famine to the people, this apparent injustice is mitigated by the fact that Elías is fed in the desert with the food stolen from the royal table — a neatly ironic touch which makes the point that the meat of the unrighteous is transformed into the sustenance of the righteous.

Jezabel evokes the image of a profane feast when she describes the attractions of the cult of Baal:[45]

> Aquí se compra barato
> pues las fiestas de Baal
> con ocasión liberal
> a todo gusto hacen plato. (468-71)

Later, when Jezabel confronts Nabot with the three emblematic dishes, he again evokes the image of the profane feast when he asks,

> ¿A qué banquete
> Jezabel me ha convidado? (2203-04)

By rejecting the temptations which Jezabel offers him, Nabot implies that he chooses the dish which symbolizes his martyrdom. Since, according to typological interpretation, Naboth's death prefigures the Crucifixion (the central aspect of the doctrine of the Eucharist), the choice made by Tirso's Nabot allegorically suggests his anticipation of the divine banquet.

The eating (or drinking) image occurs at other times in the play like a refrain in music which echoes a more clearly stated theme. So Jezabel at the end of Act I vows to drink Elías's blood (898) and repeats the threat at the end of Act II (1916). When, in Act II, the

---

[44] For similar scenes see *La mejor espigadera*, R.I, 980a-88a and *Tanto es lo de más como lo de menos*, R.I. 1119a-21a.

[45] A similar image is central to Calderón's *auto*, *La cena del Rey Baltasar*: Idolatría invites the king to partake of —

> Una opulenta cena,
> de las delicias y regalos llena
> que la gula ha ignorado,
> te tiene prevenida mi cuidado,
> adonde los sentidos
> todos hallan sus platos prevenidos.
> (ed. A. Valbuena Prat, Clásicos Castellanos
> (Madrid: Espasa-Calpe, 1957), 52.)

peasants draw lots to determine whose animal will be sacrificed first for food there is a suggestion that Coriolín himself may be intended as a victim (see p.28). The scene is comic but the humour is of the revealing kind which reflects the larger events taking place in the main plot (i.e. by suggesting that Nabot will be sacrificed not because he is guilty of *lèse-majesté* but in order to satisfy Jezabel's thirst for vengeance).

There is also an underlying sexual connotation in the eating metaphor which becomes explicit in Raquel's dream in which Jezabel appears as a serpent feeding on Nabot's flesh:[46]

> Jezabel el áspid fue
> que, lasciva,
> mientras de lealtad te priva,
> Circe nueva,
> en tus entrañas se ceba,
> pues tu posesión la diste; (2301-06)

The eating image is used most powerfully in the last scene when, in a reversal of all that has gone before, Jezabel herself becomes a banquet for the dogs. Although the audience does not actually witness the scene, it is vividly described by Coriolín and the soldiers as they peer into the back of the stage. The humour is grotesque in a way which accords with Mikhail Bakhtin's definition of carnivalesque parody. Furthermore, it draws its effectiveness from the fact that it is a distorted image of the eucharistic feast which — as the audience well knew — is traditionally the subject of the final scene of an *auto sacramental*.[47] By means of parody Tirso throws into relief the element which is not stated but which, through the implied contrast, is felt with increased potency.

The image of the garden is also an important part of theme and structure in *La mujer que manda en casa*. Like the banquet theme, it is treated on two levels which present contrasting views of the *paradisus voluptatis*: on the one hand, Nabot's vineyard which represents the garden of the soul in accordance with Biblical and exegetical icono-

---

[46] In *La venganza de Tamar*, Tamar uses the metaphor of hunger and the satisfaction of appetite to describe how her half-brother Amon forced himself upon her (ed. A.K.G. Paterson, 102). The image is also implicit in Lope's *El perro del hortelano*, which portrays a jealous woman 'que ni come ni deja comer'.

[47] Northrop Frye in his brilliant discussion of the theory of myths, points out that cannibalism is the demonic parody of the symbolism of the Eucharist. (*Anatomy of Criticism* (Princeton: Univ. Press, 1957), 148.)

graphy;[48] on the other hand, Jezabel's garden which symbolizes the garden of delights in the most worldy sense.

To the medieval imagination, the garden represented a small, contained piece of the world upon which man could impose his control and where he could create a harmonious retreat.[49] But the man-made paradise was also seen to be vulnerable. In *La Celestina*, for example, Melibea's *hortus conclusus* is threatened and finally violated by the power of unchaste love.[50]

The idea of the vulnerability of the garden is also implicit in the story of Man's Expulsion from the Garden of Eden. In the Genesis story innocence and tranquillity mask the subtle temptation offered by the serpent and it is but a step from this concept of a flawed paradise to the view of nature as a symbol of the sensual attractions of this world.[51]

At first, Jezabel's garden appears to be a conventional *locus amoenus*. But the beauty and tranquillity of the garden are as deceptive as Jezabel's own outward appearance — as Nabot muses when he gazes on the sleeping queen:

> Mas siempre son compañeras
> la belleza y la crueldad. (538-39)

Similarly, when Acab bids Jezabel forget her cares with the words:

---

[48] For example, St. Gregory of Nyssa, in his *Commentary on the Canticles*, glosses the text 'A garden enclosed is my sister, my spouse' as follows: 'He must become a flourishing garden, having within himself the beauty of all kinds of trees ....In addition, our garden is enclosed on all sides by the fence of the Commandments, so that no thief or wild beast can gain entrance to it.' (Quoted in D. Pearsall and E. Salter, *Landscapes and Seasons of the Medieval World* (London: Elek Books, 1973), 63.)

[49] On the origins of the garden as a symbol in painting, see Kenneth Clark, *Landscape into Art* (London: Penguin Books, 1949), 4-10. See also Pearsall and Salter, *Landscapes and Seasons of the Medieval World*, in particular, chapters 3 and 4.

[50] See J.E. Varey, 'La Campagne dans le Théâtre Espagnol au XVII Siècle', in *Dramaturgie et Société*, ed. Jean Jacquot (Paris: Editions du Centre National de la Recherche Scientifique, 1968), I, 53.

[51] For Tirso the garden seems to have had a special significance since he uses it as a setting in *La mejor espigadera* (as the idyllic background for the awakening love of Rut and Masalón); *La venganza de Tamar* (When Amón unlawfully enters his father's garden and falls in love with Tamar — the forbidden fruit); *Tanto es lo de más como lo de menos*, when the profligate Liberio feasts his friends *al fresco* — thereby prompting the *gracioso* to compare the scene with the garden of Eden (R.I, 1126b); and, most explicitly, in the *auto Los hermanos parecidos*, in which Vanidad leads Man astray in 'el jardín de la Murmuración' (also referred to as 'el jardín de la Hipocresía', R.I, 1696b).

> Entre las flores bellas
> de este jardín (pues vos reináis en ellas)
> divirtamos pesares; (1194-96)

we know that Jezabel's mood is far from matching the harmony of nature: 'Abrásanme impaciencias' she cries and moments later her exasperation breaks out in a tirade against Acab as a sequel to the ominous intrusion of the ravens. Jezabel's treacherous nature renders false the beauty and innocence of nature; when Raquel dreams of a serpent and interprets this to mean Jezabel, the image is full of resonance.

Not far from the palace garden lies the sinister wood in which Jezabel and her followers pursue the unholy cult of Baal. There Jezabel finds her true Garden of Delights:

> gozando en silencio oculto
> el amoroso apetito
> cuanto el deleite desea. (451-53)

Nabot's vineyard, on the other hand, reflects the virtuous nature of its master, as well as the purity of his soul. He himself describes it to Acab as

> ...solar de la limpieza
> que mis padres me dejaron (1551-52)

Its fruitfulness is suggested in an earlier passage:

> ...el ameno espacio
> de esa viña (que opimos
> joyeles cuelga al pecho de racimos) (381-83)

But for Raquel, a prey to jealous fears, the vineyard merely reflects her own failings. All the pleasant features of nature are distorted:

> Si en los arroyos y fuentes
> reparo, el temor me avisa
> que hay celos entre su risa,
> pues murmuran entre dientes. (1419-22)

When she returns to the vineyard in Act III after her prophetic dream of Nabot's death, she finds that nature is a poor comforter:

> Ya vuestra vista me enfada;
> más temores
> tengo yo que tenéis flores. (2329-31)

We see, then, that Tirso presents nature in this play in three ways: as a deceptive mask for underlying evil, as a mirror of a man's character, or as a passive witness of human folly. All three aspects form part of an overall concept of nature as a scapegoat for man's sins. When God punishes sinful man by sending down a drought it is innocent nature which suffers (see 1376-88). This concept accords with the contemporary view of nature as a symbol of ideal harmony and a reflection of Divine will. But, at the same time, nature was thought to be subject to man's suzerainty and man, by his transgressions, could upset the natural order and turn harmony into confusion.[52]

While the deceptive garden with its neighbouring wood of unholy pleasures is symbolically contrasted with the vineyard of virtue and diligence, yet another element of this conceptual landscape is represented by the *sierra* — Mount Carmel — whose barren peaks are repeatedly evoked in the play. Like the garden, mountains are a constant *motif* in Christian iconography. Kenneth Clark has pointed out that the representation of mountains in European painting came to symbolize the world beyond the Garden (as for example in the early-fifteenth-century miniature depicting the Expulsion from Paradise painted by the Limbourg brothers for the Duc de Berri).[53] Yet while the mountains appear to threaten danger undreamed of in the *paradisus voluptatis* of Eden, in the Biblical tradition these same mountains paradoxically become a place of refuge. Men of faith retired to the wilderness to be alone with God.[54] In the Bible, too, the mountains and the wilderness (which are often synonymous) are

---

[52] Tirso illustrates this concept in *Los hermanos parecidos* when Man is greeted by the four continents as 'Virrey del orbe' (R.I, 1691b-92b). See also E.M. Wilson, 'The Four Elements in the Imagery of Calderón', *MLR*, XXXI (1936), 34-47, and Francisco Rico, *El pequeño mundo del hombre* (Madrid: Castalia, 1970), 254-58.

[53] *Landscape into Art*, 10.

[54] Seventeenth-century Spanish paintings which depict hermits in their places of retreat include 'San Antonio Abad visitando a San Pablo', by Velázquez; 'San Jerónimo, penitente', by El Greco, and 'San Bartolomé, apostol' and 'San Andrés', by Ribera. (All these paintings are now in the Prado in Madrid.) It is interesting to note that Calderón seemingly held a contrary view of the symbolism of the 'monte'; Professor Varey has drawn my attention to the fact that in *El alcalde de Zalamea* and *La devoción de la Cruz*, the 'monte' is a sanctuary of violence.

traditionally the places where God makes Himself known to His chosen few.

In Tirso's play Mount Carmel symbolizes hope and promise: it is the place where God sends a miraculous sign to end the contest with the prophets of Baal and where Elías is comforted by Yahweh, first through the ravens and then by the angel. Abdías shelters a hundred prophets in the mountains where later Jehú gathers his army as he prepares to march on Samaria to carry out divine vengeance.

The paradoxical association between the barren wilderness and salvation is echoed in the imagery surrounding Nabot's death. He is condemned to be stoned to death outside the city ('sacándole al campo' (2247)); yet Nabot himself recognizes how the symbolism of the stones will be transformed:

> piedras preciosas serán
> de inmortales edificios. (2245-46)

After Nabot's death Raquel kisses the stones which killed her husband and calls them jewels:

> Más valen que los diamantes,
> crisólitos y jacintos,
> diadema os labran mejores
> que esmeraldas y zafiros. (2499-502)

The conceptual landscape evoked in this play derives its effectiveness in no small measure from Tirso's skill in alternating the action between his imaginary settings. This skill is particularly apparent in Act II in which the contrast between the palace garden, the vineyard and the desert is most sharply emphasized.

The evocation of an imaginary landscape as a means of underlining symbolic meaning is a technique often found in a simplified, more explicit form in the *autos sacramentales*. The elaborate directions which Calderón uses in *El gran teatro del mundo* and the *auto La vida es sueño* are examples of how this technique is used in the actual staging of the play.[55] In *La cena del Rey Baltasar* the imaginary setting of the banquet in the garden is a further example of the way in which Calderón, like Tirso in the earlier *comedia*, makes use of these

---

[55] See J.E. Varey, 'Calderón's *auto sacramental, La vida es sueño*, in performance', *Iberomania*, XIV (1981), 75-86. His account of the 'memoria de apariencias' for this *auto* is of particular interest. See also Shergold, *A History of the Spanish Stage*, chapters 15 and 16.

two familiar *topoi* in order to point to the underlying significance of the play.

Tirso's lack of success as a writer of *autos* may, in part, be explained by his inability to adapt the *genre* to his purpose: it would appear that he found the *comedia* less restrictive as a means of commenting on moral problems.[56] Nevertheless, whether or not he did so intentionally, Tirso is often able to transfer some of the characteristics of the *auto* to the wider canvas of the *comedia*.

In the case of *La mujer que manda en casa* some interesting parallels emerge when it is compared with *El peregrino*, an *auto* written by José de Valdivielso and published in Toledo in 1622.

El peregrino tells the story of Man's journey through life as a pilgrim. The choice which confronts Pilgrim at the outset of the journey is symbolized by two carts representing heaven and hell.[57] Truth, who is Pilgrim's companion, warns him that Pleasure (Deleite) appears desirable until she is possessed, while Virtue, on the other hand, is dressed in sackcloth. Life is a paradox:

> Aquí los gustos son penas
> Aquí las penas consuelo. (BAE, 203b.)

Truth awakens the sleeping Pilgrim with words modelled on the angel's exhortation to the despairing Elijah:

> ¡Despierta y levanta, Elías!
> Come el pan de mis consejos;
> porque es el camino largo,
> y harto más que largo estrecho.

But Pilgrim is not yet tempered to the resoluteness of Elijah and he is soon beguiled by the occupants of the 'carro malo'. He falls under the spell of Pleasure, who serves him a banquet consisting of four covered

---

[56] B.W. Wardropper considers that Tirso's *autos* are greatly inferior to those of his contemporaries, arguing that he failed to understand the *genre* and confused it with the *comedia divina* (*Introducción al teatro religioso del Siglo de Oro* (Madrid: *Revista de Occidente*, 1953), 315). André Nougué, on the other hand, suggests that Tirso may simply have differed from his contemporaries in wanting to make the *auto* less abstract and therefore more accessible to the public (*L'Œuvre en prose de Tirso de Molina* (Paris: Centre de Recherches de L'Institut d'Etudes Hispaniques, 1962), 359-60).

[57] De los dos carros se descolgarán dos escalas, como puentes levadizas. La una será ancha, llena de flores, y yerbas y galas, y arriba habrá música, y una boca de infierno. La otra escala será muy angosta, y llena de zarzas, abrojos y espinas, cruces, calaveras, etc. Y arriba música y un cielo ...
(BAE, LVIII (Madrid: Real Academia Española, 1952), 202.)

dishes. The first, she says, contains honour and dignities; the second, riches; the third, beauty and the fourth is the cipher of herself. In reality, the four dishes contain respectively 'un pájaro que vuela', 'unos carbones', 'una calavera' and 'nada'. Truth prevents Pilgrim from choosing any of the dishes, and when he realises the deception, he turns on Pleasure. Although Luzbel and Deceit (Engaño) appear and almost kill him, Pilgrim is saved, first by Truth and then by Christ, the Samaritan. The *auto* ends with the celebration of the Eucharist feast.

The images which point up the contrast between good and evil so explicitly in Valdivielso's *auto* find their counterparts in Tirso's *comedia*. The road to salvation in *La mujer que manda en casa*, also lies through 'un desierto empinado', while Jezabel's garden of earthly delights might equally well be symbolized by the 'carro' from the *auto* which appears 'ancha, llena de flores y yerbas y galas'. The paradoxical spectacle of Virtue in sackcloth in the *auto* is matched in the *comedia* by Elías's rags. Indeed, the lack of concern with worldly goods on the part of those who serve the Lord is the antithesis of the rich gifts which Acab brings home from his conquests, of the costly materials which Acab promises Jezabel for her temples, of the whole apparatus of cloying imagery which attends Jezabel and her evil practices.

Both plays present the pleasures of this world in their most glittering and seductive form; and both Nabot and, ultimately, Pilgrim, reject the tempting dishes of the deceptive banquet and attain salvation after the trials of life's journey.

Nabot's reference to Jezabel's presumption in casting stones at God (2213-14) is acted out in *El peregrino* in a scene in which Truth (who has taken refuge 'por lo alto del desierto' while Pilgrim is being beaten below) challenges Luzbel to climb up after him. Luzbel hesitates, fearing a second Fall. Pleasure urges him to fire at Truth with the cross-bow. Truth reminds Luzbel that, 'Esto es escupir al cielo' (211b).

Finally, in the last scene of *La mujer que manda en casa* Tirso makes use of a technique which recalls the most familiar characteristic of an *auto*: the personification of abstractions. As Raquel crowns Jehú and demands justice of him, she reminds him of Nabot's ordeal:

> Falsos testigos cohechó
> contra él el oro y la envidia,
> el poder y la soberbia,
> la ambición y la malicia. (3039-42)

The moral of the play is thereby neatly summed up in a concrete fashion (which Calderón would call an 'idea representable'). Indeed, the whole of Raquel's speech in this scene is concerned to place her personal tragedy on a universal plane:

> Teatro este sitio fue
> de la impiedad mas lasciva,
> la mas bárbara tragedia,
> la crueldad mas inaudita
> que el tiempo escribió en anales,
> que puso horror a provincias,
> que verdades afirmaron,
> que fabularon mentiras. (3027-34)

The closing lines of the play also link a specific example (Israel's freedom from Jezabel's bondage) to a more general moral lesson:

> Alce Israel la cabeza,
> pues de Jezabel se libra,
> y escarmiente desde hoy más.
> Quien reinare, no permita
> que su mujer le gobierne
> pues destruye honras y vidas
> la mujer que manda en casa,
> como este ejemplo lo afirma. (3105-12)

Serge Maurel has characterized Tirso's biblical plays as an attempt to explain and explicate in human terms God's supernatural intervention in the history of mankind.[58] In the section dealing with Tirso's Old Testament plays, I have suggested that, collectively, these plays offer a wider view of God's purpose: a perspective in which the tragedies and triumphs of the human comedy are balanced and in which, in the long run, through the intervention of divine mercy, the scale tips towards a happy outcome for christian man. *La mujer que manda en casa* contributes to this view by showing that God's mercy and justice are sure: 'que si tarda, nunca olvida'. The topsyturvy world eventually is restored to harmony and order.

---

[58] *L'Univers dramatique de Tirso de Molina*, 343.

THE CONFLICTING CLAIMS OF LOYALTY: STRENGTHS AND SHORTCOMINGS IN HUMAN NATURE

The theme of loyalty and its conflicting claims is tightly bound in with the themes of justice and mercy and with the metaphor of the world-upside-down as a motif which shapes the moral force of the play. Jezabel and Acab place their own selfish and unlawful desires above what is reasonable and just and thereby place their subjects in an unacceptable predicament. The words 'gusto' and 'justo' are frequently juxtaposed, as for example in the encounter between Nabot and Acab in Act II when Nabot refuses to give up his vineyard:

> Perdonadme, que a mi Rey,
> por mi Dios, desobedezco.
> Mandadme lo que sea justo
> y veréis si soy leal. (1585-88)

to which Acab replies:

> Podrá ser que os esté mal
> no haberme dado este gusto. (1588-90)

Despite Nabot's ringing affirmation of loyalty to God, it is nevertheless paradoxical that he dies without resolving the dilemma. There is a rigidity in Nabot's allegiance to Acab which, even after he has made the choice which will lead to his death, prevents him from blaming the king for what has happened. In Nabot's eyes Jezabel alone is responsible. He seems unable to understand that he is shamefully betrayed by the king whom he serves so faithfully, nor does it occur to him that his pledges to serve God and Acab (2121-24; 2211-12; 2225-26) are no longer compatible once Acab has renounced Yahweh. It is worth noting that, in contrast to Nabot's blindness on this issue, Abdías — a minor figure in the play — chooses to disobey the king when he shelters Yahweh's prophets, and acknowledges that he does so 'por conservar mi ley' (1079-81).

The question of loyalty, in fact, is a constant concern for the minor characters in the play: Jehú and Abdías refer to it (913-15), as do the citizens after they read the decree condemning Nabot to death (2260-82). When she hears of Nabot's death, Raquel cries out '¡ya es exceso / ser leal!' (2349-50). This is an ironical comment on the way in which Nabot's faithful service to his master has been rewarded.

Unlike Nabot, Raquel is not blinded by the demands of duty. In the monologue which she delivers over Nabot's dead body, she places the blame squarely on both Acab and Jezabel and bitterly denounces the hypocrisy with which they have condemned Nabot on a trumped-up charge (accusing him of blasphemy when they themselves are guilty of worse crimes):

> ...¿En vasallos y Reyes
> serán acaso distintos
> los insultos generales
> siendo en sustancia los mismos? (2459-62)

In an upside-down world the unjust demands of authority place the subordinate in the intolerable dilemma of having to choose between duty and conscience.[59]

What must be seen as an undeniable flaw in Nabot's otherwise exemplary character is paralleled by a weakness in the character of Elías in the play. Although Elías is not a main protagonist it is curious that Tirso enlarges one feature of the Biblical Elijah which is not usually emphasized: his temporary loss of faith. Thus, in two of the three scenes in which he appears he is shown at moments when he is assailed by doubt and despair. Elías's despair in the second scene in the wilderness is expressed in language which will be echoed by Acab in Act III (2031-54) when he in turn gives way to despair over Nabot's defiance. It is Tirso's way of drawing attention to the similarities which exist in the dilemmas facing men; at the same time, he shows how each man is free to resolve those dilemmas in his own way. Elías, strengthened by the angel who revives him physically and spiritually, is able to put his doubts behind him and answer God's call; Acab, on the other hand, looks no further than to Jezabel for guidance, and in this bondage lies his downfall.

The flaws in Nabot and Elías are offset by the unexpected strength which Raquel reveals under duress. In her early appearances Raquel offers little promise as a future champion of the Lord. Her blind jealousy and wilful misunderstanding of Nabot's predicament suggest a nature as passionate and wayward in its fashion as that of Jezabel. But the significant difference is that Raquel is able to turn her passionate energy to a righteous purpose when she is challenged to do

[59] The theme of the abuse of loyalty by those in legitimate authority appears in *La estrella de Sevilla*, *Fuente ovejuna* and *Peribáñez*, as well as in two other plays by Tirso, *La república al revés* and *La prudencia en la mujer*. It may be seen as a powerful reminder to the king and those in authority under him as to how they should conduct themselves. In our own time we are constantly made aware of the problem when men defend themselves for their participation in atrocities in the Nazi death camps or in the murder of helpless civilians in Viet Nam, with the plea that they were only carrying out the orders of their superiors.

so. In some ways Raquel's role proves even more difficult than that of Nabot, for she is left to suffer in life the indignities which Nabot escapes through death. Raquel must be seen as a necessary complement to Nabot in the play, just as Acab is a necessary adjunct to Jezabel.[60] Together they represent a combination of qualities that is often paradoxical, but also very true to human nature. The combined strengths of Nabot and Raquel are finally enough to triumph over the associated forces of Acab and Jezabel; yet the conflict is always critical and nothing is assured until Jezabel is at last defeated.

Tirso is able to show in *La mujer que manda en casa*, as in the best of his plays, that men are dependent on each other, as well as on God, in working out their lives and shaping their destinies. When we accept this view we can see that the comic sub-plot also fits into this pattern. If Nabot, Raquel and Elías are examples of individuals who overcome their weaknesses, the characters in the sub-plot are examples of men and women who are greedy, self-centred, cowardly and opportunist: who do not, in fact, rise to the moral challenge at all. The audience is invited to laugh at the shortcomings of men faced with adversity as well as to profit from the spectacle of brave men bearing it well. The comic element is more than a means of relief and contrast: it also adds a dimension to the play which makes it more true to life. The world knows many Coriolíns and man is weak more often than he is strong, yet even Coriolín has his place in the scheme of life: it is he, after all, who carries out the final act which assures Jezabel's downfall.

Exegetical interpretation

As a Mercedarian friar Tirso would have been very familiar not only with the scriptural tenets but also with the numerous exegetical commentaries on the Old Testament. It is essential to take this familiarity into account if we are to appreciate fully the richness and subtlety of the text. It is characteristic of Tirso's plays that his knowledge of scriptural and theological material allows him to use it with an imaginative ease that is unsurpassed even by Calderón.[61] This knowledge is so much a part of his nature that it must always have some bearing on his writing even while it usually remains unobtrusive. Thus for those members of his audience who knew the commentaries

---

[60] In Hebrew the name Raquel means 'ewe' (i.e. the female equivalent of the sacrificial lamb).

[61] Edward Glaser notes the influence of the exegetical tradition on *La mejor espigadera* in 'La mejor espigadera de Tirso de Molina', *Lettres Romanes*, XIV (1960), 217-18. I.L. McClelland also comments on Tirso's treatment of abstract ideas in *Tirso de Molina*, 26-27.

the play may be enjoyed in the light of that knowledge; but for those who were ignorant of such esoteric matters the story works in other ways which are also effective.

The exegetical method treated its subject on two levels, the literal and the spiritual. The spiritual meaning was then elaborated on three further levels: the allegorical (or theological), the moral (or tropological) and the anagogic (or eschatological).[62] So it was that writers who commented on the relevant passages in the Books of Kings saw the conflict between good and evil there described in two ways: on the one hand as the clash between true and false religion and, on the other, as the struggle between the human embodiments of good and evil. According to the first interpretation, Naboth is the *exemplum* of Christ[63] and his vineyard prefigures the establishment of the Christian Church. Jezebel personifies the Jewish Synagogue which contrived Christ's death, and Ahab represents the Jewish people who persecuted their God.[64] According to the second interpretation, the story of Naboth's vineyard is an *exemplum* of the soul beset by the temptations of the flesh.[65] The theme of the Eucharist, so clearly evoked in the banquet imagery, forms an important element in this exegetical treatment since it refers to the anagogic, the third and most mystical of the three spiritual levels.

STAGING OF THE PLAY

Tirso clearly took into account the theatrical aspect of the play and carefully calculated its effect upon the audience of the seventeenth-century *corral de comedias*. The stage directions are remarkably detailed at times and suggest how full use was made of the thrust

[62] For a definition of the exegetical method, see *The New Catholic Encyclopedia* (New York: Catholic Univ. of America, 1967), V, 708-09. An example is given of the treatment of the word 'Jerusalem': 'In the literal sense it is the city of the Jews; in the allegorical sense, the Church on earth; in the tropological sense, the virtuous Christian, and in the anagogic sense, the Church in Heaven.'

[63] The trial and death of Naboth prefigure the denunciation of Christ by false witnesses, and the Crucifixion.

[64] For examples of this interpretation see Nicolaus de Lyra, *Biblia iam pridem renovata* (n.p., 1501), II, fol. 170ʳ; Rupertus, *Commentarium in Libros Regum*, V, in Migne, *Patrologiae* (Paris, 1854), CLXVII, col. 1240; also Rabanus Maurus, *Commentarium in Libros IV Regum*, in Migne, CIX, col. 217.

[65] See, for example, Cornelius a Lapide, *Commentarius in Iosue, Iudicum, Ruth, IV Libros Regum et II Paralipomenum* (Antwerp: 1642), II, col. 211a; also Nicolaus de Lyra, *Biblia iam pridem renovata*, II, fol. 170ʳ.

stage, the inner stage (*vestuario*) and both galleries behind the stage.[66]

The play opens with a procession which requires that Jezabel be mounted on a horse, attended by dogs. The presence of live animals seems to have been an accepted feature of the Spanish theatre by the 1620s, although it was still a novelty when Agustín de Rojas noted in *El viaje entretenido* (1603),

> Sacábanse ya caballos
> a los teatros, grandeza
> nunca vista hasta este tiempo.[67]

Shergold gives details of various plays in which characters enter on horseback through the patio and ascend the stage by means of a wooden ramp ('palenque').[68] In the final *cuadro* of the play, which also opens with a triumphal procession, the 'palenque' is actually specified: '... *Jehú y los suyos suben al tablado por un palenque*' (3007).

It is easy to imagine the effect that these processions had on the restless, often turbulent audience: the unexpected entrance through the patio, causing the *mosqueteros* to draw aside to let the actors pass, together with the clamorous sound of the instruments ('cajas', 'trompetas' and 'chirimías'[69]), served the double purpose of commanding the attention of the audience and of evoking an appropriate mood for the scenes which would follow.

Several mechanical effects are called for during the play. At the end of Act I, when Acab attempts to strike at Elías with a dagger, the prophet levitates safely out of reach (888). On two occasions in Act II the stage directions require two ravens to fly down — first to seize a loaf of bread and a roasted fowl from the royal table (1239), and later to bring the food to Elías in the wilderness (1393). In Act III, by a similar device, an angel appears to Elías and brings him bread and water. He then flies offstage (1991) and his voice is heard speaking '*de dentro*', an effect which was probably produced from a room behind

---

[66] For a full account of the staging of the *comedia* in general, see Shergold, *A History of the Spanish Stage*, chapter 8. For specific comments on *La mujer que manda en casa*, see my article, 'Stagecraft, Theme and Structure in Tirso's *La mujer que manda en casa*', *Revista Canadiense de Estudios Hispánicos*, III (1979), 137-60.

[67] Quoted by H.A. Rennert, *The Spanish Stage in the Time of Lope de Vega* (New York: Dover Publications, 1963), 79.

[68] See *A History of the Spanish Stage*, 220-21 and 228.

[69] *Autoridades* defines a 'chirimía' as a musical instrument made of wood and shaped like a trumpet. It was an early version of the oboe.

the gallery.

Each of these three *coups de théâtre*, involving the use of *tramoyas*, serves to remind the audience of the fact that God looks after his own and foreshadows the eventual restoration of order to a world turned upside-down by the unrighteous conduct of Acab and Jezabel (see p.31).

Both galleries behind the stage are used for dramatic as well as symbolic effect. In Act I, during Jezabel's *tête-à-tête* with Nabot in the palace garden Raquel appears '*a una reja*' (526). Presumably the actress came out onto the first gallery since, when Raquel's jealousy is aroused later in the scene, she asks '¿Cómo de aquí no me arrojo?' (637). A similar direction in Act III indicates that Jezabel and Acab appear '*a la ventana de una torre*' (2353).[70]

The directions at the beginning of the comic peasant scenes show that they take place in the 'sierra': '*Sobre unas peñas muy altas salen Dorbán y Zabulón, y abajo Coriolín, pastor*' (920). After Zabulón and Dorbán urge the peasants to go down into the valley the directions add the words '*Van bajando*' (930). Shergold questions the existence of permanent staircases connecting the gallery with the stage since none is shown in the 1735 drawing of the Corral del Príncipe. He suggests that the 'gradas' which ran along each side of the stage may have served instead for the enactment of 'hill' scenes.[71]

In the last *cuadro* when the soldiers, led by Coriolín, climb up to the gallery to seize Jezabel, as a more realistic touch it is likely that they used the second-floor gallery and that they may even have climbed up ladders. After a scuffle with the soldiers ('*Arriba defendiéndose, Jezabel, y al cabo la echan abajo*') (3085)), Jezabel falls *hacia dentro*, a feat which was managed by having the actress jump into a room behind the gallery.[72]

The *vestuario* is used on three occasions in this play. The first time is in Act II when Acab and Jezabel prepare to dine in the palace garden just before the birds fly down to steal the food from their table: the directions read, '*Descúbrese una mesa con dos sillas y un*

---

[70] Shergold suggests that a stage 'window' of this kind may either have made use of one of the actual windows of rooms behind the gallery, or was represented by a curtain covering part of the gallery itself (*A History of the Spanish Stage*, 207).

[71] *A History of the Spanish Stage*, 405-07.

[72] Shergold gives precedents for both these details in two plays by Lope, *Las mujeres sin hombres* and *El postrer godo de España*. In the latter the directions read: '*Echase tras del teatro, porque acà seria lastima, porque se haria mucho mal.*' (*A History of the Spanish Stage*, 219-20.)

aparador debajo de un jardín' (1210).[73] In the crucial scene in which Jezabel puts Nabot to the test, the three dishes with their enigmatic contents are discovered when the curtain of the *vestuario* is drawn back: '*Corre una cortina y sobre un bufete estarán tres fuentes ...*' (2159). Later in Act III, the same curtain is drawn back to reveal the body of Nabot: '*Descúbrese tendido en el suelo Nabot, muerto, en camisa y calzones de lienzo; él y el vestido manchado de sangre, entre un montón de piedras también ensangrentadas*' (2483). This 'discovery' is reminiscent of the tableaux found in religious plays from the earliest days of the Spanish theatre.[74] The effect of these two set pieces, representing first the testing of Nabot and then his martyrdom, is also suggestively emblematic.[75]

As in many plays of the period, music makes its contribution to the overall effect of the performance. Musicians feature in the processions which mark the beginning and end of the play and presumably stood to one side of the stage to play their drums, 'clarines' and 'chirimías' while the actors approached through the patio. In the scene where the king and queen dine *al fresco*, they sing the *canción* 'Dos soles tiene Israel', probably to the accompaniment of instruments such as the 'vihuela' and flute ('clarín').[76] It is possible that they were seated in the gallery for this scene.

Stage props were, of course, minimal in the Spanish *corral*, although directions sometimes call for chairs and tables; and in Act II the instruction that these be set '*debajo de un jardín*' (1210) suggests that a painted canvas may have been hung down from the rail of the

---

[73] It is difficult to imagine how the mechanical ravens could seize the food from inside the *vestuario* after the curtain was drawn back; perhaps the table and chairs were moved forward to an appropriate place which would allow the device to be operated from above.

[74] See Shergold, *A History of the Spanish Stage*, 547-48.

[75] I have explored this approach to the play elsewhere (in a paper entitled 'Tirso's Use of Emblems as a Technique of Representation in *La mujer que manda en casa*', presented at the annual meeting of the Modern Language Association of America, New York, December, 1983).

[76] Although stage directions at the beginning of the play call for drums, flutes and oboes, it is likely that a stringed instrument was used either instead of, or in addition to these as an accompaniment to the human voice. Musicologists attest to the great popularity of the 'vihuela' which, by the beginning of the seventeenth century, had undergone a number of modifications to become the five-string Spanish guitar. It is this instrument which features in the music of groups such as the Ars Musicae of Barcelona, which specialise in playing music of the Renaissance with authentic instruments of the period (see, for example, the introductory notes by José María Lamaña to the record 'Songs of Andalusia in the Middle-Ages and Renaissance' (E.M.I. Records, SAN 194)).

gallery.[77] for the most part, however, props were of the kind that could be held in the hand. For example, in Act III, when Jezabel is alone and hears the voice of the mysterious singer, the dramatic and symbolic effect of this scene is largely created by the device of having Jezabel direct her soliloquy to her mirror (or 'tocador'). Other objects acquire similar symbolic importance, such as the crown in the scene with the enigmatic dishes (2231) and in the last *cuadro*; stones are also used as a prop in the 'riddles' episode, foreshadowing the symbolism which they will acquire after Nabot's death.[78]

Costumes are also used in the play to denote rank and occupation as well as to contribute to the symbolism in other ways. In the first *cuadro* Jezabel is dressed '*en hábito de caza*', while Acab appears '*a lo hebreo*'. When Elías enters he appears '*muy venerable, a lo penitente*', perhaps indicating that he was dressed to resemble one of the hermits who so often appear in contemporary paintings.[79]

Jezabel is called upon to change her costume several times during the course of the play. After Acab's death, she appears in Act III '*de viuda bizarra*' (2791). This obvious contradiction in terms serves to point to Jezabel as a figure representing *vanitas* (see note to lines 2821-44). Later in the same *cuadro* she talks about which dress she will wear to mark the end of her mourning for Acab. She finally chooses one that is 'pajizo y encarnado', colours which Criselia interprets as 'desesperado y sangriento' (2853-54). Since, in the following *cuadro* Jezabel appears on the balcony with the indication '*muy bizarra*', it is likely that by this time she was dressed in an appropriate red and yellow dress in keeping with her earlier choice.

From the evidence provided in the text there can be no doubt that Tirso intended that his play should be a lively theatrical experience. He drew on all the resources available to the seventeenth-century theatre: words, movement, gesture, timing, position on the stage,

---

[77] See, for example, the interesting stage-direction in *La fingida Arcadia* which calls for a painted canvas to be displayed: '*Cáese abajo todo el lienzo del teatro y quede un jardín lleno de flores y yedra*' (R. II, 1420b).

[78] Here one is reminded again of the pictorial symbolism of the *auto sacramental* (see A.A. Parker, *The Allegorical Drama of Calderón* (Oxford and London: The Dolphin Book Co., 1943), 98).

[79] See, for example, a painting of San Onofre by Francisco Collantes (1599-1656) which now hangs in the Prado Museum (No.3027). In the painting the hermit wears a loin cloth of woven palm leaves or rushes which reaches to his knees. A rope scourge is knotted round his waist. The Saint's arms and feet are bare, but his back and chest are covered with his long flowing beard and hair. He leans on a staff, while at his feet lie a crown and sceptre. Like Elijah, San Onofre was allegedly fed by a raven in the desert and Collante's painting shows the saint receiving bread from the raven.

properties and costuming — even the alternation and pacing of scenes — so as to form a synthesis between the visual and spoken elements.

VERSE FORMS

Tirso uses verse forms in the play to complement and accentuate the content and mood of the text. In this he is following the recommendations of Lope, as set down in the *Arte nuevo de hacer comedias en este tiempo* (1609),[80] but in many instances he extends and refines the precepts of the master.

It has been said that Tirso's favourite verse form was the *redondilla*.[81] In *La mujer que manda en casa* it is the predominant form (a total of 1300 lines, or 33%). Lope recommended in the *Arte nuevo de hacer comedias* that *redondillas* be used for 'cosas de amor', but here Tirso uses them for a variety of purposes. The whole of the scene in Act I between Jezabel and Nabot (preceded by the dialogue between the queen and Criselia) is written in *redondillas* (392-779). In Act I the tragicomic peasant scene (920-1051) and the dialogue between Abdías and Coriolín (1066-161) are written in this meter, as are Raquel's jealous confrontation with Nabot (1459-94), Acab's attempt to acquire Nabot's vineyard (1495-610) and the comic scene between Lisarina, Coriolín and the two soldiers who are searching for Elías (1611-750). In Act II the *redondilla* is used for the angel's words to Elías in the wilderness (1991-2030), in the scene in which Nabot is shown the three enigmas (2079-246), for the discussion between the two citizens, and in Jezabel's injunction to Acab that he enjoy the vineyard after Nabot's death (2353-80). The *redondilla* is the backbone of the play: it is used for almost all the major dramatic scenes, for short interludes of dialogue and for all the comic scenes.

After the *redondilla* the form most frequently used is the *romance* (with a total of 816 lines, or 26%).[82] It is used, as Lope recommends,

---

[80] See the edition and commentary by Juan Manuel Rozas, *Significado y doctrina del 'Arte nuevo' de Lope de Vega*, Temas, 9 (Madrid: Sociedad General Española de Librería, 1976).

[81] S. Griswold Morley, 'The Use of Verse-Forms (Strophes) by Tirso de Molina', *BHi*, VII (1905), 394. See also Morley, 'El uso de las combinaciones métricas en las comedias de Tirso de Molina', *BHi*, XVI (1914), 182-83.

[82] Morley sets the average for *romances* in Tirso's plays between 15% and 35% (*BHi*, XVI (1914), 184).

for 'relaciones', such as Jehú's account to Jezabel of the contest on Mount Carmel (1751-918), but also for Elías's chastisement of Acab (812-919), the scene in which the ravens steal food from the royal table (1237-352) and Raquel's denunciation of Jezabel and Acab and her lament over Nabot's body (2381-546). Finally, the *dénouement* of the play — from the scene with the mysterious singer to Jehú's triumph over Jezabel's corpse — is entirely written in *romances*.

Décimas occur in 315 lines of the play (9%). Lope considered *décimas* 'buenas para quejas'. In Act I Jezabel's long diatribe against Yahweh (64-233) is in *décimas*, as is Raquel's soliloquy in Act II (1407-58). In Act III this meter is used in the dialogue between Jezabel and Criselia (2789-868). Another meter of Spanish origin is a form of *copla de pie quebrado* which occurs in a total of 196 lines. All three passages in which it is used are soliloquies and express feelings of strong emotion: Elías in the wilderness (1353-406 and 1919-90) and Raquel in the grip of jealousy (2283-352) both come close to despair. The alternation between octosyllabic and four-syllable lines effectively conveys the mood of doubt and fear as well as the agitation in which these two characters find themselves.

Tirso uses Italian verse forms in 471 lines (15%). The *silva* (*de consonantes*) is predominant among them (206 lines) and is used for dialogue (in the reunion between Nabot and Raquel in Act I (234-391) and in Jehú's account of the search for Elías and his conversation with his masters in Act II (1162-209)).

The *terceto*, which Morley notes as being a rare form in Tirso's theatre,[83] appears in 108 lines (2681-788). Lope advocates the use of *tercetos* for 'cosas graves', and here Tirso puts them in Jehú's mouth to relate how Elías anointed him as king and divine avenger (2696-718 and 2725-75). There is one example of a sonnet in the play (1052-65): it forms part of Abdías's monologue in Act II. In this context it complies with Lope's observation that the sonnet is suitable for 'los que aguardan'.

In Lope's estimation *octavas reales* are preferable even to *romances* for enhancing narrative ('en otavas luzen por extremo'). Tirso uses them for this purpose in Act I when Acab tells Jezabel that he has done her bidding and set up the worship of Baal in Israel (780-811); in Act III he uses them for the dialogue between the king and queen in which Jezabel assures Acab that she will procure the vineyard for him

---

[83] *BHi*, VII (1905), 397. Courtney Bruerton has suggested that Tirso did not begin to use the *silva* to any extent until the 1620s (*NRFH*, III (1949), 193).

(2031-78).[84]

The first speech of the play (1-63) follows the pattern of a Petrarchan *canzone*. This verse form (known in Spanish as *canción*),[85] which was introduced into Spain by Boscán and perfected by Garcilaso, is associated with some of the finest lyrical poetry of the Golden Age. Well suited to the expression of lofty sentiments — and particularly those of a panegyrical nature — the *canción* adds dignity and grandeur to Acab's opening words and, at the same time, underscores the hollowness of their meaning with appropriate irony.

VERSIFICATION:

Act 1:

1-63	*canción* (canzone)	63
64-233	*décimas*	170
234-391	*silvas* (de consonantes)	158
392-779	*redondillas*	388
780-811	*octavas reales*	32
812-919	*romance*, e	108
	TOTAL	**919**

Act II:

920-1051	*redondillas*	132
1052-1065	*soneto* (ABBA ABBA CDE CDE)	14
1066-1161	*redondillas*	96
1162-1209	*silvas* (de consonantes)	48
1210-1216	song (*villancico*)	7
1217-1229	*décima larga*	13
1230-1236	song (repeat)	7
1237-1352	*romance*, e-o	116
1353-1406	*coplas de pie quebrado*	54
1407-1458	*décimas*	52
1459-1750	*redondillas*	292
1751-1918	*romance*, e-a	168
	TOTAL	**999**

[84] Morley observes that the *octava real* is commonly used by Tirso for royal interlocutors (*BHi*, VII (1905), 397).

[85] See the definition given by Morley and Bruerton, *The Chronology of Lope de Vega's Comedias* (New York: The Modern Lang. Assoc. of America, 1966), 13.

Act III:

1919-1990	coplas de *pie quebrado*	72
1991-2030	*redondillas*	40
2031-2078	*octavas reales*	48
2079-2246	*redondillas*	168
	prose letter	
2247-2282	*redondillas*	36
2283-2352	coplas de *pie quebrado*	70
2353-2380	*redondillas*	28
2381-2562	*romance*, i-o	182
2563-2790	*tercetos* (ending in a *pareado*)	108
2791-2870	*décimas*	80
2871-3112	*romance*, i-a	242
	TOTAL	**1194**

Verse Totals:

Redondillas	1300
Romance	816
Décimas	315
Silvas	206
Coplas de *pie quebrado*	196
Tercetos	108
Octavas reales	80
Canción	63
Soneto	14
Songs	14
TOTAL	**3112**

PRINTED AND MANUSCRIPT VERSIONS OF THE PLAY

La mujer que manda en casa appeared in print during Tirso's lifetime in the *Quarta Parte* of his *Comedias*, published in Madrid in 1635.[86] As far as it is known, the next printed edition of the play did not appear until the eighteenth century, when it was published by Doña Teresa de Guzmán in the form of a *suelta*. This is undated, but a notice which appeared in the *Gaceta* of Madrid on October 17th,

[86] The title page states that the plays in the collection were selected by Tirso's nephew, Don Francisco Lucas de Avila.

1735, announced that copies of the play were available for sale at Doña Teresa's Lonja de Comedias at the Puerta del Sol.[87] The text of the *suelta* is almost certainly based on that of the *Parte*, with some minor variations in spelling and punctuation.

Another eighteenth-century *suelta* is also in existence. It was published in Madrid by Don Isidro López and is undated, but appears to be a copy of the Guzmán edition, whose spelling, punctuation and lay-out in columns it closely follows. However, the title is expanded to *La impia Jezabel, muger del infeliz Acab y triunfo de Elias*. This elaboration probably reflects the eighteenth-century taste for dramatic titles, as well as the desire to make the public believe that the play was a new one.

There are three modern editions of the play. Don Emilio Cotarelo y Mori included it in his two-volume edition of Tirso's plays, which appeared in the collection *Nueva Biblioteca de Autores Españoles*, published in Madrid in 1906. Cotarelo based his text on that of the *Parte*, although he modernised spelling, punctuation and accentuation; he also followed the nineteenth-century practice of dividing the play into 'escenas'.

The play next appeared in the first of Doña Blanca de los Ríos's three-volume collection of Tirso's plays, *Obras dramáticas completas* (Madrid: Aguilar, 1946). This edition follows the text offered by Cotarelo, seemingly without direct reference to the *Parte* since it often reproduces errors in the Cotarelo text.

More recently the play was published in a new edition of the *Obras de Tirso de Molina*, edited by María del Pilar Palomo, in the series *Biblioteca de Autores Españoles*.[88] The text appears to be based mainly on the Cotarelo and de los Ríos editions, although reference is periodically made in footnotes to 'el original'; despite this, the text is often quite inaccurate.

Manuscript Copies

There is no known autograph MS of the play in existence. However, there are two MSS copies dating from the seventeenth century, both in the possession of the Biblioteca Nacional in Madrid. The more interesting of these MSS (M^1) is obviously a copy made for the use of

---

[87] See A.H. Bushee, *Three Centuries of Tirso de Molina* (Philadelphia: Univ. of Pennsylvania Press, 1939), 77; also Ada M. Coe, *Catálogo bibliográfico y crítico de las comedias anunciadas en los periódicos de Madrid desde 1661 hasta 1819* (Baltimore: Johns Hopkins Press, 1935), 161.

[88] Vol. IV (Madrid: Biblioteca de Autores Españoles, 1970), 173-220.

an *autor de comedias*. Its many omissions, excisions and emendations are witness to the efforts expended by copyist, *autor* and censor to prepare the play for presentation on the stage. This is not the place for a full description of this complex MS, but it does provide a fascinating study of the fortunes of a play as a living text, subject to considerations ranging from the practical needs of the actors to others, less tangible, which reflect the political climate of the period.[89] It seems likely, though not certain, that this MS postdates the *Parte*. The censor's comments and emendations are consistent with the critical mood of the 1640s, when censorship of plays was at its most restrictive.[90]

The second MS (M²), also undated, bears the title *La mujer que manda en casa y tirana de Isrrael*. It is written in a seventeenth-century hand and appears to be a copy of the *Parte* (from which it differs only in minor details).[91]

Another version of the play exists in the form of an eighteenth-century *refundición* with the title *La mas heroica venganza de la traicion mas impia y tirana de Yssrael*.[92] The play bears a general resemblance to *La mujer que manda en casa*: many passages are paraphrases or reworkings of the original, while others are lifted piecemeal from Tirso's play. However, the plot has been altered so drastically that it loses all the tension and subtlety of *La mujer que manda en casa*. A character named Mandrágora is invented,[93] presumably to provide a stronger comic interest. The characters for the most part are

---

[89] The censor seems to have been particularly concerned to suppress anything which might be construed as criticism of the monarchy. The word 'no' appears in the margin beside lines 439-45, 463-75 and 2441-42. Similarly, the warning 'ojo' appears next to line 1751 and seems to relate to the fact that this passage is heavily emended, probably by the censor himself. Another 'ojo' appears next to lines spoken by Jezabel to Criselia:

> No prosigas, que estás necia;
> quien a sus Reyes desprecia
> poco a su peligro advierte. (2802-04)

[90] See E.M. Wilson, 'Calderón and the Stage-Censor in the Seventeenth Century', *Symposium*, XV (1961), 171.

[91] The MS was formerly in the collection of the Duque de Osuna and was acquired by the Biblioteca Nacional at the end of the nineteenth century. Spelling differences include — mesma/misma; ansi/asi; huerta/guerta; besalda/besadla; efeto/efecto; dello/de ello, etc. It uses *Jornada* instead of *Acto*.

[92] There are three copies in the Biblioteca Municipal in Madrid (MS-1-67-2).

[93] The mandrake root was famed from antiquity for its allegedly magical powers. It was often a subject of Greek comedy and also gave the name to a comedy by Machiavelli.

wooden and the language, when it is not borrowed from Tirso, alternates between the declamatory and the pedestrian. The stage business is elaborate: Elías and angels descend on 'valancines iluminados', the ravens are required not merely to steal the royal supper but to remove the table as well! Finally, directions are given that a dummy figure of Jezabel be thrown down from the tower '*para que assi que llegue al suelo salgan dos lebreles y la dividan en pedazos a bisto de todos con propiedad*'.

The second copy of the *refundición* includes a 'Repartimiento de papeles' which is of interest because the majority of the actors and acresses named feature in Cotarelo's list of the members of the company of María Hidalgo for the year 1759-60.[94] It also indicates that the actor who played Mandrágora was a 'vejete', that the roles of Coriolín and Dorbán were designated as 'graciosos' and that Elías and Abdías were both acted by 'barbas'.

Although the value of the *refundición* is not to be found in its literary merits, which are few, it does nevertheless give us a valuable historical perspective on Tirso's play. It is also significant that, more than a hundred years after its first appearance in print, *La mujer que manda en casa* was still finding favour with audiences (albeit in a largely altered version).

The Present Edition

This edition is based on the version of *La mujer que manda en casa* found in the *Quarta Parte de las comedias del Maestro Tirso de Molina*, published in Madrid in 1635. The copy consulted is in the possession of the British Museum (shelf-mark: 11726.e.63). Substantive variants, as noted in six of the versions mentioned in the foregoing section, are indicated in the footnotes to the text. The sigla of the seven texts consulted are as follows:

P: *Parte* IV (Madrid: María de Quiñones, 1635).

G: Eighteenth-century *suelta* (Madrid: Teresa de Guzmán n.d.), (British Museum copy 11728.d.66).

L: Eighteenth-century *suelta* (Madrid: Isidro López n.d.), (British Museum copy 1342.e.12(12)).

C: *Comedias de Tirso de Molina*, ed. Don Emilio Cotarelo y Mori, NBAE (Madrid, 1906), I, 460-88.

---

[94] Cotarelo y Mori, *Estudios sobre la historia del arte escénico en España*, I: *María Ladvenant y Quirante* (Madrid: Sucesores de Rivadeneyra, 1896), 8. The company performed at the Teatro del Príncipe in Madrid.

R: *Tirso de Molina: Obras dramáticas completas*, ed.
Doña Blanca de los Ríos, Aguilar (Madrid, 1946), I,
586-625.

M^1: Seventeenth-century MS (n.p., n.d.) (Biblioteca
Nacional, Madrid, MS 16.663.).

M^2: Seventeenth-century MS (n.p., n.d.) (Biblioteca
Nacional, Madrid, MS 16.346.).

In the case of the seventeenth-century MS identified as M^1, I have
indicated omitted passages in the footnotes to the text. Two inter-
polated passages, which are of interest, have been included in the End
Notes (lines 2562ff. and 2576-2626). For the purpose of this study a
variant is considered to be a difference in wording only: no note is
made of differences in spelling where these are normal changes
characteristic of the orthographical evolution during the seventeenth
and eighteenth centuries (e.g. efeto/efecto; besalda/besadla; aora/
ahora). Obvious errors are not recorded. Variants in stage-directions
are not noted in the case of M^1 because of its tendency to omit such
directions altogether.

The spelling of the present text has been modernised, except where
this would affect pronunciation or prosody (e.g. prendellos, agora,
escuchaldas, mesmo). Stage-directions are indicated by the number of
the line following them, unless they occur in the middle or at the end
of a line of verse. The end of each *cuadro* is indicated by a short
horizontal line.

The End Notes are limited to clarifications of words not found in
standard modern dictionaries of Spanish or Spanish/English, or
whose use in the context is of particular interest. Explanation of the
syntax or the sense of a passage is given where these present diffi-
culties. Although the commonplaces of Golden Age language and
literature are usually left without comment, I have sought to clarify
passages which may seem difficult to a modern reader and to
illuminate the text as far as possible by pointing out the underlying
references to contemporary thought, custom and events. Wherever it
seems appropriate, attention is drawn to parallels with passages or
incidents in other plays or literary works by Tirso or his contemporaries. Wherever reference is made to the characters in Tirso's play (or
in other Spanish plays on the Jezebel theme) the Spanish form of the
Biblical name is used, e.g. Acab, Nabot, Jezabel, Elías, etc.; however,
when these same characters are referred to in the context of the
Biblical source or of a commentary thereon, I have used the anglicized

forms of the names. When translations are given of the text of the
Latin Vulgate these are taken from the Douay version of 1609.

CONCLUSION

La mujer que manda en casa offers an example of Tirso's
remarkable ability to create an original and complex drama from a
variety of sources. Taken as a whole, the play presents three perspectives: the divine, the human and the symbolic. None of these perspectives can be viewed separately however, for they overlap and
complement each other. Thus the divine is expressed in the theme of
compassion and reassurance which justifies suffering and even
martyrdom; the human stresses the frailty and corruption of mankind
as illustrated in the plot, and the symbolic is present in language,
image and association, providing the means by which the scope of the
play is enlarged and its impact increased. The use of the *mundus
inversus* as the central metaphor not only provides a framework for
the play, but also a vehicle for the moral message: in the distorted
world created by Jezabel and Acab's unnatural alliance we see that
disorder begets disorder and that only through divine intervention can
order eventually be restored. On another level the play may be seen to
function as a *de regimine principum*. Helen Grant's description of *La
república al revés* as a play which 'shows how an immoral prince can
bring not only individuals but his whole land to disaster by his conduct
...'[95] seems equally appropriate here. Such a lesson would acquire
added piquancy if, as I have suggested, the play was written at the
beginning of the reign of the young Philip IV.

Finally, the three perspectives are brought together in the
encompassing awareness that, after all, the whole exercise is designed
for the theatre:

> Teatro este sitio fue
> de la impiedad mas lasciva,
> la más bárbara tragedia,
> la crueldad mas inaudita
> que el tiempo escribió en anales,
> que puso horror a provincias,

---

[95] 'The world upside-down', *Studies in Spanish Literature of the Golden Age*, 120.

> que verdades afirmaron,
> que fabularon mentiras. (3027-34)

Tirso seems to use the words 'teatro' and 'tragedia' here, in part, as conventional metaphors, but also to remind the audience that what they have been witnessing has been an illusion which invites association with the familiar metaphor of the world as a stage. the fact that the statement is made at the end of the play gives substance to the impression that in writing this work Tirso was especially aware of its effect as a presentation on stage, before an audience. Just as the *topos* of the topsyturvy world serves to bring into focus the moral theme by inviting the imagination to visualise a conceptual image which enhances the meaning of the abstract idea, so the visual effects of stagecraft are employed to elaborate and clarify. The constant movement between what the eye can actually see and what the imagination is led to visualise in order that the mind may be usefully instructed, forms an essential part of the dramatic tension which Tirso creates in *La mujer que manda en casa*. Nevertheless, the success of reproducing this tension in the theatre ultimately relies upon the full participation and understanding of both actors and audience.

As modern readers we are at a considerable disadvantage since it is unlikely that we shall ever be able to see this play in a live performance, and even if this were possible, the reactions of the audience, as well as the circumstances of the performance, would fall far short of those of the seventeenth-century *corral*. Nevertheless we must attempt to recreate this essential theatrical element in our imaginations. We shall also do the play an injustice if we fail to appreciate that its total effect depends on the careful balance which Tirso strikes between every element (encompassing what is seen, heard and imagined in the lively forum of the theatre itself) of his wonderfully complex dramatic invention.

SELECT BIBLIOGRAPHY

Agheana, Ion. *The Situational Drama of Tirso de Molina* (New York: Ediciones Plaza Mayor, 1972). A study of Tirso's artistic individuality, which places emphasis on his use of dialogue and metaphorical elements and the intelligence in action of certain characters; Agheana analyzes the simulated sleep scene in Act I of *La mujer que manda en casa* as an example of his thesis.

Glaser, Edward. 'Tirso de Molina's *La mujer que manda en casa*', *Annali dell'Istituto Universitario Orientale* (Sezione Romanza), II (Naples, 1960), 25-42. One of the earliest critical studies of the play, it shows how Tirso has remained faithful to the demands of the Biblical source.

Kennedy, Ruth Lee. *Studies in Tirso, I: the Dramatist and his Competitors, 1620-6* (Chapel Hill: Univ. of N. Carolina Press, 1974). Although this book has been criticised for some of the hypotheses which it puts forward, it remains a fascinating attempt to reconstruct the literary world in which Tirso lived and wrote.

Maurel, Serge. *L'Univers Dramatique de Tirso de Molina* (Poitiers: L'Université de Poitiers, 1971). This important study of many aspects of Tirso's drama includes two useful chapters on the Biblical plays in particular.

Metford, J.C.J. 'Tirso de Molina's Old Testament Plays', *BHS*, XXVII (1950), 149-63. Although largely superseded in its arguments, this seminal article gives one of the few perspectives on the Old Testament plays as a group.

McClelland, I.L. *Tirso de Molina: Studies in Dramatic Realism* (Liverpool: Institute of Hispanic Studies, 1947). While this book makes no specific reference to *La mujer que manda en casa*, it is an illuminating analysis of Tirso's dramatic craft as a whole.

Smith, Dawn L. 'Stagecraft, Theme and Structure in Tirso's *La mujer que manda en casa*', *Revista Canadiense de Estudios Hispánicos*, III (1979), 137-60. The article develops some of the ideas discussed in this edition with special reference to the staging of the play.

Sullivan, Henry W. *Tirso de Molina and the Drama of the Counter Reformation* (Amsterdam: Rodopi, 1976). This interesting study sets Tirso's work against the background of neo-scholasticism in Spain. It is particularly stimulating in suggesting parallels in technique between Tirso and Velázquez.

Wilson, Margaret. *Spanish Drama of the Golden Age* (Oxford: Pergamon, 1969). A lively general survey of Golden Age drama and its development; the two chapters on Tirso are full of useful insights.

——. *Tirso de Molina*, Twayne's World Authors Series (Boston: Twayne, 1977). A clear and comprehensive study of Tirso within the limits imposed by the Series: it presents an outline of all the known evidence on Tirso's life and offers some perceptive comments on a wide range of the plays.

LA MUJER QUE MANDA EN CASA

Hablan en ella las personas siguientes

Jezabel	Josepho
Raquel	Elías
Criselia	Dorbán
Jehú	Zabulón
Acab	Coriolín
Nabot	Lisarina
Abdías	Un Angel
Paje	Dos ciudadanos

Soldados y músicos

ACTO PRIMERO

*Música de todos géneros y por una parte suben al tablado
(habiendo venido a caballo al son de un clarín) en hábito de
caza,* JEZABEL, RAQUEL, CRISELIA *y* CAZADORES, *con perros,
ballestas y venablos. Por la otra parte al mismo tiempo suben
también (al son de cajas y trompetas)* SOLDADOS *marchando,
y entre ellos* NABOT, ABDÍAS *y* JEHÚ; *detrás de todos a lo
hebreo, con corona y bastón el* REY ACAB. *Tocan chirimías y
en estando todos arriba llega* ACAB *a* JEZABEL *y dice:*

ACAB.	Por más que inmortalice,	
	eterna en sus murallas	
	Babilonia, a Semíramis* su Reina	
	y su fama felice,	
	diosa de las batallas;	5
	lauros la ciña cuando Ofires* peina,	
	pues sin cuidar prendellos,	
	causando al Asia espantos	
	y ocasionando simulacros tantos,	
	opuesta al sol, enarboló cabellos;	10
	su fama en vos admiro,	
	luz de Sidón, Semíramis de Tiro.*	
	Guerra es también la caza,	
	estratagemas tiene,	
	inventa ardides y emboscadas pone;	15
	vos de la misma traza	
	(cuando en triunfo solene	
	mis sienes manda Marte que corone	
	del árbol fugitivo,*	
	al dios planeta esquivo)	20
	porque Moab postrado,	
	sujeto a vuestro Acab, parias le ha dado,	
	divina cazadora,	
	triunfos de fieras blasonéis, Aurora.	
	Envidia tengo al ave	25

25-37: Envidia tengo al ave ... por no apartarse della] *Omit* M[1].

que ejecutando vuela
(rayo veloz de pluma) altanerías;
si lo que goza sabe
no ha menester pigüelas*
que en las alas repriman osadías;   30
en cárcel generosa
alcándara es hermosa
de cristal transparente
vuestra mano; si en ella favor siente
que mi fortuna pueda hacer dichosa,   35
la garza que hay más bella
renunciará por no apartarse della.
Provincia es tributaria
Moab (por mí abatida)
de Israel, porque en dichas trueque quejas;   40
su rey pecha a Samaria,*
en cambio de su vida,
cada año para vos cien mil ovejas;
vellocinos de plata*
daros en ellas trata,   45
que se blasonen dignos
como el de Colcos, ser del cielo signos
y el múrice convierta en escarlata,*
porque Jezabel pueda
anteponer la púrpura a la seda.   50
Cargados mil camellos
de marfil y oro puro,
espolios son que os sirvan de tesoro,
con que alcázares bellos
os labre (que procuro   55
palacios de marfil a deidad de oro).*
Hónrenlos vuestro ojos
y mezclando despojos
de la caza y la guerra,
yo valles conquistando, vos la sierra,   60
vencedores los dos; lloren enojos
enemigos agravios,*
mientras este cristal sellan mis labios.

(Bésala una mano)

47:   ser del cielo signos] M^2, C,R; ser da el cielo P,M^1,G,L.

JEZABEL.   Ni la mano, Rey, me pidas,
ni vitorioso blasones   65
conquistas de otras naciones
a tus banderas rendidas,
mientras en tu reino olvidas
tu desacato y mis penas;*
que en balde triunfos ordenas   70
cuando haces de hazañas copia,*
rebelde tu nación propia
y obedientes las ajenas.
Mano que el cetro interesa
(por tu causa) de Israel,   75
y menospreciada en él
tu reino todo no besa,
no es digna que en tal empresa
lisonjas tuyas admita;
sírvate el pueblo moabita,   80
y rebelde tu nación
desprecie mi religión,
si es bien que tal se permita.
Hija soy del rey sidonio,
por tu esposa me eligió,   85
presumí contigo yo
dar de mi amor testimonio;
coyundas del matrimonio
enlazan, tal vez ardientes,
dos corazones; no intentes   90
mostrar de tu amor extremos
porque mal nos uniremos
los dos en ley diferente.*
Baal es mi dios, Baal*
satisface mis deseos;   95
dioses de los amorreos*
tienen poder inmortal;
soberbio, no admite igual
el que en desprecio de Apolo
dice que de polo a polo,   100
autor de la noche y día,
gobierna sin compañía
y dios se intitula solo.*
Ese verdugo de Egipto

que cruel tantos ha muerto,   105
ése, que por un desierto
llevó número infinito
de hebreos y sin delito
cuarenta años desterrados
por venïales pecados   110
(criminal siempre con ellos,
cuchillo para sus cuellos)
fueron siempre castigados.
Por adorar a un becerro
dio muerte a una inmensidad.   115
¿Será de Dios tal crueldad,
tal castigo por tal yerro?
¿Para qué tanto destierro,
si darles luego podía
la tierra que prometía?   120
¿Para qué de Egipto huyendo
sino fue porque temiendo
sus dioses, los perseguía?
Profeta falso, Moisén,
ocasionó tantos daños;   125
como brutos cuarenta años
entre páramos se ven.
Labróle en Jerusalén
templo después Salomón,*
mas como su religión   130
juzgó por cosa de risa,
los dioses de la etiopisa
mudaron su adoración.
Las tres partes de la tierra*
veneran (sino unos pocos   135
hebreos, ciegos y locos)
los dioses que el cielo encierra.
¿Diremos que el mundo yerra
y ellos solos acertaron?
Sabios que a Grecia ilustraron,   140
filósofos que nos dieron
las ciencias ¿todos mintieron?

113:   fueron siempre] siempre fueron M¹,M².
124-33:   Profeta falso, Moisen ......mudaron su adoracion] *Omit* M¹.

¿todos, en fin, se engañaron?
¿Qué ceguedad, Rey, es ésta?
No dije bien, que no es Rey   145
quien, defensor de su ley,
los blasfemos no molesta.
Ten por cosa manifiesta
que entretanto que a Baal
con aplauso general   150
no reverencie Israel,
no has de hallar en Jezabel
agrado a tu amor igual.   *(Llora)*

ACAB.   Antes que el sol de tu cara*
(hechizo del alma mía)   155
eclipse la luz al día
que mis tinieblas repara,
llore el mundo en noche avara
obscuridades eternas;
enjuga lágrimas tiernas   160
que el alba envidia al llorarlas,
que es lástima malograrlas
cuando mis dichas gobiernas.
Adore Jerusalén
su dios en su templo de oro,*   165
que yo a Jezabel adoro
y al sacro Baal también.
Cuantos en mi reino estén
reverencien a Baal
por deidad universal,   170
pues Jezabel se le humilla;
quien no le hinque la rodilla
tenga pena capital.
De pórfido y jaspe hermoso
le labre templo sutil,*   175
de alabastro y de marfil,
del metal más generoso,*
y a su culto religioso
consagre profetas tantos

156:   la luz al día] la luz de el dia M¹.
160:   enjuga] C,R. enjugue P,M¹, M²,G,L.
161:   envidia] C,R. embidie P,M¹ [?], M², G,L.
174-83: De pórfido y jaspe ....ilustran altares santos] *Omit* M¹.

que causen a Judá espantos*   180
y a mi inclinación empleos;
dioses de los amorreos
ilustren altares santos,
bosques a sus sacrificios
plante en sus montes Samaria;*   185
quien fuere de ley contraria
prevenga sus precipicios,*
mi amor ha de dar indicios
de que soy amante fiel.
La corona de Israel   190
tiene en mi esposa su esfera;*
quien no obedeciere, muera,
a mi hermosa Jezabel.   *(Vase)*

JEZABEL.   La jurisdición acepta
mi fe, que el Rey me concede;   195
del Dios de Sïón no quede
con vida ningún profeta;
quien a Baal se sujeta
venga a medrar su privanza;
el que me diere venganza   200
de cuantos siguen a Elías,
espere en promesas mías
y logrará su esperanza.
Aras a Baal levanten
cuantos en Samaria están;   205
seguiré de Jeroboán*
cultos que a la fama espanten;
en selvas y bosques canten
himnos a la adoración
de los dioses de Sidón   210
y con festivos empleos
a cuantos los amorreos
consagran su adoración.
De mi mesa han de comer*
sus sacerdotes manjares   215
dignos de quien sirve altares
que frecuenten mi poder.
Verá el mundo (aunque mujer)

185:   en sus montes] en sus bosques M[1].

mi gobierno en breves días;
honrad las deidades mías,   220
dejad leyes imperfetas.
¡Mueran los ciegos profetas
que siguen al falso Elías!
Por cada cabeza ofrezco,
que sirva al Dios de Abrahán,   225
hacerle mi capitán;
beber su sangre apetezco.
Si gobernaros merezco,
hijos nobles de Israel,
servid a Baal, que en él   230
todo nuestro bien estriba.
Decid ¡viva Baal!

TODOS.   ¡Viva!
JEZABEL.   ¿Quién más?
TODOS.   ¡Viva Jezabel!

Vanse con el aparato que entraron. Quédanse RAQUEL *y*
NABOT.

NABOT.   ¿Podrá darte los brazos
                quien, tras la ausencia que dilata plazos*   235
                el premio de esta guerra
                cifra en la vista que el pesar destierra
                (hermosa Raquel mía),
                que el alma sin tus ojos padecía?
RAQUEL.   Podrás (esposo caro)*   240
                con ellos a mis ansias dar reparo,
                que en su círculo espera
                ser centro el alma de tan dulce esfera.
                ¿Cómo en Moab te ha ido?
                ¡Qué asustada en sus riesgos me has tenido!   245
                Despierta te lloraba,
                dormida mi recelo te soñaba
                lastimosos despojos
                de la Parca fatal; todo era enojos,*

237:   destierra] encierra M².
249:   todo] Toda P,M¹,M²,G,L.

	todo es ya regocijo.	250
	¡Qué gloria causa el bien tras mal prolijo!
NABOT.	Peligros tu memoria
	atropelló, cantando la vitoria.
	Postró al fiero moabita
	Acab blasfemo, que la gloria quita	255
	al Dios único y santo,
	ingrato a tanta dicha, a triunfo tanto.
RAQUEL.	Tiénele loco y ciego,
	rendido el amoroso y torpe fuego
	de esta mujer lasciva,	260
	que, idólatra, le postra y le cautiva.
NABOT.	Si ella el gobierno goza
	de las tribus hebreas y destroza
	leales, ya la igualo
	a Pasife.
RAQUEL.	Será Sardanapalo*	265
	rey que no se aconseja,
	y afeminado su gobierno deja
	a mujer enemiga
	de la piadosa ley.
NABOT.	Dios nos castiga.
RAQUEL.	¿Qué será, Nabot mío,	270
	la causa que con tanto desvarío
	Jezabel arrogante
	persiga a nuestro Dios, aras levante
	al ídolo sidonio
	y a tanto simulacro del demonio?	275
	Discreta es y no ignora
	que quien al verdadero Dios adora
	peligros asegura,
	gozando en paz riquezas y hermosura.
	Bien sabe los castigos	280
	con que se venga de sus enemigos,
	desde el sepulcro egipcio*
	(el mar Bermejo digo), precipicio
	de tantos guerreadores
	(abriéndose a Israel jardín de flores	285

256:   al Dios] a Dios M¹.
273:   persiga a nuestro Dios] persiga nuestro Dios M¹.
283:   el mar Bermejo] del mar Bermejo M².

por las doce carreras
más frescas que esmaltaron primaveras),
hasta Roboán, que necio*
por hacer de sus tribus menosprecio,
perdió en los reinos doce   290
los diez y medio; si esto, pues, conoce
¿cómo se precipita
y la debida adoración nos quita?

NABOT.   No es solamente tema*
la que enloquece a Jezabel blasfema,   295
sino la licenciosa
ley de Baal, al orbe escandalosa.
Permite (esposa mía)
de aquel ídolo vil la idolatría,
que después que la plebe   300
toda a su templo sacrificios lleve
y entre incendios infaustos
le aplauda en libaciones y holocaustos
en el bosque (que junto
del infierno en tinieblas es trasunto),   305
cuando el planeta hermoso*
ausente a los trabajos da reposo,
con lasciva licencia
se mezcle el apetito y la insolencia
de todos, de tal modo   310
que privilegie el vicio sexo todo;
allí con lo primero
que encuentra, desde el noble al jornalero,
como si fuera bruto,
paga al deleite escandaloso fruto;   315
allí tal vez la dama
de ilustre sangre y generosa fama*
con el plebeyo pobre
(mezcla de plata y abatido cobre)*
porque Venus instiga,   320
bate moneda amor, de infame liga.
Consiéntelo el marido
más sabio, más soberbio y presumido
sin que en tales desvelos

309:   insolencia] indolencia C,R.

	quejas se admitan, ni se pidan celos;	325
	porque en tan torpes modos	
	es la mujer allí común de todos.	
	Como Jezabel vence	
	(sin que el solio y corona la avergüence)	
	en lascivos regalos	330
	a cuantos se han preciado de ser malos,	
	debajo de pretexto	
	de religión, su trato deshonesto	
	de esta suerte pretende	
	que admita en reino cuanto en él se enciende,	335
	porque en tan infame hecho	
	a cualquiera varón tenga derecho.	

RAQUEL. ¿A qué Circe, a qué Lamia*
no causó horror tan inaudita infamia?
¡Ay, Nabot de mi vida!   340
Primero juzgaré por bien vertida
mi sangre que el respeto
púdico (con que al tálamo sujeto
mi amorosa limpieza)
ose aplaudir tan bárbara torpeza.   345

Sale ABDÍAS

ABDÍAS.   Nabot, la Reina os llama.
NABOT.   ¿La Reina, a mí?
ABDÍAS.   Merece vuestra fama
hacer de vos empleo,
y para honraros que os aguarda creo
al margen de la risa   350
de esa fuente os espera: andad aprisa.   *(Vase)*
RAQUEL.   ¿Qué es esto, esposo mío?
¿La Reina a vos, cuando tan poco fío
de su apetito ciego;
cuando me habéis contado el torpe fuego   355
con que su honor abrasa?
¿Vos al jardín llamado de su casa?

335: cuanto en él] quando en el P,M^2,G,L, que en el M^1.
340-45: Ay, Nabot de mi vida ....tan bárbara torpeza] *Omit* M^1.
341: vertida] vestida P.

NABOT.	Pues ¿qué temor, esposa,	
	en mi agravio te tiene sospechosa?	
	¿Quién tu quietud lastima?	360
	Soy ciudadano en Jezrael de estima,	
	está la Reina en ella,*	
	querrá que vaya a consultar con ella	
	algún negocio grave	
	que con el pueblo en su servicio acabe.	365
RAQUEL.	Di que querrá quererte.	
NABOT.	No ofendas mi constancia de esa suerte.	
RAQUEL.	Querrá que tú el primero,	
	a Dios ingrato, a ella lisonjero,	
	a Baal sacrifiques;	370
	porque después torpezas comuniques	
	(en el bosque que infamas)	
	del sacrílego incendio de sus llamas.	
NABOT.	Anda, que estás hoy necia,	
	pues tu temor, mi bien, me menosprecia;	375
	con que la fe de nuestro Dios me anima,*	
	no ignoras, en la estima,	
	y por conservarla	
	morir sabré, mas no sabré violarla.	
	Vecinos de palacio	380
	somos los dos en el ameno espacio	
	de esa viña (que opimos	
	joyeles cuelga al pecho de racimos);	
	me aguarda, pues su cerca*	
	la quinta real junto a la nuestra cerca,	385
	que yo espero que presto,	
	segura del recelo en que se han puesto	
	tus livianos temores,	
	conviertas las sospechas en amores.	
RAQUEL.	¡Ay! No quieran los Cielos	390
	que pronostiquen llantos mis recelos. *(Vanse)*	

369:   ingrato] ingrata P,G,L.
373:   sacrílego] sacrilegio L,C,R.
380-89:   Vecinos de palacio ....las sospechas en amores] *Omit* M[1].
388:   livianos] villanos L.

Salen JEZABEL *y* CRISELIA.

JEZABEL.	En dando en contradecirme
	será fuerza aborrecerte.
CRISELIA.	Aconsejarte es quererte.
JEZABEL.	Replicarme es deservirme.

395

¿De cuándo acá escrupulosa
vas de amor contra la ley?

CRISELIA.   Eres esposa del Rey.
JEZABEL.   Tengo amor si soy su esposa.

Los preceptos he seguido   400
de Venus y de Baal.

CRISELIA.   Sólo el amor conjugal
te puede ser permitido.

JEZABEL.   Esposa fue de Vulcano*
Venus, y aunque diosa fue,   405
de Marte amante se ve
rendida a su amor tirano.

CRISELIA.   Si esos ejemplos imitas
¿por qué no temes en ellos
la red que pudo cogellos   410
a los dos? ¿Por qué acreditas
deleites de su amor sólo
que la afrenta ocasionaron
en que los dioses la hallaron,
descubriéndolos Apolo?   415

JEZABEL.   ¿Qué castigo dio Vulcano*
a Venus por ese error?
La afrenta fue de su honor,
pues hizo público y llano
lo que Venus, prevenida,   420
oculto intentó lograr.

CRISELIA.   Venus se pudo infamar
pero no perder la vida,
que es diosa. Mas tú, señora,
siendo mortal ¿de qué suerte   425
podrás excusar tu muerte
si sabe el Rey (que te adora)

393:   aborrecerte] obedecerte M¹.
411:   a los dos] a las dos P,M¹.
421:   oculto] oculta M²

	que con un vasallo suyo	
	su tálamo honesto ofendes?	
JEZABEL.	Arguyes lo que no entiendes.	430
CRISELIA.	Tu honor defiendo si arguyo.	
JEZABEL.	¿Por qué piensas tú que he muerto*	
	tanto profeta hablador,	
	que contrarios de mi amor	
	engaños han descubierto,	435
	sino porque no limiten	
	deleites con que se aumenta	
	la especie humana, contenta	
	en que con gustos la inciten?	
	¿Por qué imaginas que quiero	440
	que a Baal mi reino adore	
	y con su culto mejore	
	regalos que considero,	
	sino porque coyunturas	
	ofrece en sus ejercicios.	445
	y acaban sus sacrificios	
	en que por las espesuras	
	dedicadas a su culto,	
	facilitando ocasiones,	
	da a los gustos permisiones.	450
	gozando en silencio oculto	
	el amoroso apetito	
	cuanto el deleite desea,	
	sin que mientras dura sea	
	cualquier liviandad delito?	455
	¿Hay gusto igual al que siente	
	el amor que alcanza y calla	
	prendas que en los bosques halla,	
	sin que siendo pretendiente	
	pase por las dilaciones	460
	de melindres y de quejas,	
	de noche adorando rejas	
	y examinando balcones,	
	y de día entre desvelos	
	solicitando un favor?	465
	Aquí solamente amor	
	gustos feria y no da celos.*	
	Aquí se compra barato,	

pues las fiestas de Baal
con ocasión liberal   470
a todo gusto hacen plato.*
Si es lícito, pues, todo esto,
¿por qué no podré yo ser
de quien gustare mujer,
cuando ocupare aquel puesto?   475
¿Por qué no podré yo amar
a Nabot (gallardo hechizo
que mis ojos satisfizo)
sin que se pueda quejar
el Rey?

CRISELIA.   Tu resolución   480
me asombra.
            (Ap.)   (¿Hay tal frenesí?)
JEZABEL.   Con mi gusto cumplo ansí
y aumento mi religión.
CRISELIA.   Ya está en el jardín tu amante.
JEZABEL.   Pues retírate tú dél.   485
Flores brota este vergel,
viendo entrar su abril delante.
Fingiré que estoy dormida,*
porque de mi sueño advierta
lo que no osaré despierta   490
decirle.
CRISELIA.   (Ap.)   (¡Ay, mujer perdida!)
JEZABEL.   Que aquí se acerque le avisa,
pero que no me despierte
mientras que el cristal que vierte
esta fuente toda risa   495
contempla. Esa silla acerca
y vete.

Siéntase en una silla.

CRISELIA.   (Ap.)   (Sin seso está.)

470:   con ocasión liberal] que ocasionan liberal M[1].
483:   aumento] aumenta M[2].
486-91:   Flores brota ....decirle] *Omit* L.
495:   esta fuente] esa fuente M[2].

| JEZABEL. | Que oírme de ahí podrá, |
| | pues la fuente está tan cerca. |

Finge que duerme y sale NABOT.

NABOT.	¿Qué puede su Majestad	500
	quererme, Criselia, a mí?	
CRISELIA.	Según lo que presumí,	
	cosas son de calidad.	
	Llegad ... pero, detenéos,	
	que esperándoos se durmió.	505
NABOT.	Vuélvome pues.	
CRISELIA.	Eso no.	
	Aquí, Nabot, hay recreos	
	en que, mientras que despierta,	
	entreteneros podáis.	
	Si oír murmurar gustáis,*	510
	los pájaros de esa huerta,	
	las hojas de aquesas plantas	
	y las aguas de estas fuentes	
	murmuran (mas no de ausentes).	
	Escuchaldas, pues son tantas	515
	y el tiempo es más oportuno	
	para que contento os den,	
	que aunque murmurando estén,	
	no dicen mal de ninguno.	
	Sentaos aquí.	
NABOT.	¿Pues os vais?	520
CRISELIA.	Tengo que hacer.	
NABOT.	¿Si se enoja	
	la Reina?	
CRISELIA.	No os dé congoja,	
	que solo, a su gusto estáis.* *(Vase)*	
NABOT.	¡Válgame Dios! ¿A qué fin	
	me llamará esta mujer?	525

520:   ¿Pues os vais?] ¿Pues que os vais? M^2.

Sale a una reja. RAQUEL.

RAQUEL. [*Ap.*] Desde aquí lo puedo ver
a estas rejas del jardín.
Acechad, sospechas mías,
y averiguaréis desvelos
de mi pena, pues los celos   530
inventaron celosías.*
NABOT.   Recostada la cabeza
en la mano Jezabel,
la azucena y el clavel
compiten con su belleza.   535

Como que duerme ella.

¡Qué peregrina beldad!
¡Si menos crueldad tuvieras!
Mas siempre son compañeras
la belleza y la crueldad.
¡Qué igual consorte tenía*   540
Acab, si no deslustrara
la perfección de su cara
con manchas de idolatría!
En uno y otro es asombro.
Quitarme quiero el sombrero,*   545

Quítasele

que descortés y grosero
cuando la miro y la nombro
su persona desacato.
La cama real, los vestidos,*
reverencian bien nacidos;   550
el sello real, el retrato,
en su original su copia
goza la Reina esculpida,
pues mientras está dormida
es imagen de sí propia.   555
¡Quién pudiera reprendella*

con eficacia tan clara
que sus costumbres mudara,
y al paso que la hizo bella
el Cielo, la hiciera santa!　　　　　560
Durmiendo está: los sentidos
tal vez (aunque estén dormidos)
suelen tener virtud tanta
que escuchan a quien se llega
a hablarlos. ¿Podré atreverme　　565
a decirla, mientras duerme,
lo que despierta me niega
el temor de su crueldad?
¿Por qué no? Casi no vive
quien duerme; si me percibe.　　　570
podrá ser que mi lealtad
temple el rigor de sus manos
y que mude pareceres,
que idólatras y mujeres
dan crédito a sueños vanos.　　　　575
Sospechará que ha soñado
lo que decirla pretendo.
A la industria me encomiendo,
Dios ayude mi cuidado.
Llego, y las tres reverencias.　　　580
que como a Reina y señora
se le deben, la hago agora.

Hace tres reverencias y llégasele al oído de rodillas.

RAQUEL. [*Ap.*]　¿Qué es lo que veis, impaciencias?
Sentada la Reina está,
y mi esposo descubierto　　　　　585
que le llega a hablar advierto.
¡Ay Cielos! ¿Qué la dirá?
¡Oh, quién tuviera en los ojos
los oídos! Desde aquí
oírlos, no, verlos, sí,　　　　　590

562: aunque estén dormidos] aunque están dormidos C,R.
582: la hago agora] hago agora M¹; le hago agora M².
586: que la llega a hablar advierto] *Omit* R.

	pueden mis ansias y enojos.
NABOT.	Hanme, señora, avisado
	que me llama vuestra Alteza.
RAQUEL. [*Ap.*]	¡Tan cerca de su belleza
	vasallo que no es privado! 595
	¡Los labios junto a su oído!
	¿y aseguraré yo agravios
	de sus oídos y labios?
	¡Loca estoy, pierdo el sentido!
JEZABEL.	A Nabot mandé llamar. 600

Todo esto como dormida.

NABOT.	Serviros humilde aguardo.
JEZABEL.	¿Sois vos Nabot, el gallardo?
NABOT.	Soy quien os llega a besar
	la mano, por el blasón
	que me dais y no merezco. 605
JEZABEL.	Besalda pues.
NABOT.	Encarezco
	tanta merced, mas no son
	dignos mis labios de empresa
	tan alta.
JEZABEL.	Por uso y ley
	común, a la Reina y Rey 610
	la mano el vasallo besa.
NABOT.	Es ansí, mas no en secreto,
	que es vuestra Alteza mujer
	y está sola.
JEZABEL.	Al real poder
	se le guarda este respeto 615
	solo como acompañado.
	Su reino en mí renunció
	Acab.
NABOT.	No lo niego yo.
JEZABEL.	Palestina me ha besado
	la mano como a señora. 620
NABOT.	¡Ojalá todo el Oriente!

618:   No lo niego yo] No lo niego P,G,L.

JEZABEL.	Vos no, Nabot, solamente.
NABOT.	Temí ....
JEZABEL.	Pues, besalda agora.
NABOT.	Reverenciaros procura
	mi fe, mas considerad* 625
	lenguas.
JEZABEL.	Una Majestad
	por sí mesma está segura;
	tendré a poca reverencia
	la cortedad que mostráis.
	¿Qué es esto? ¿Vos me negáis 630
	sólo, Nabot, la obediencia?
NABOT.	No lo permitan los Cielos
	si en eso mi lealtad toca:
	honre este marfil mi boca.

Besa una mano.

RAQUEL. [*Ap.*]	Besóla la mano. ¡Celos 635
	transformaos en desengaños!
	¿Cómo de aquí no me arrojo?
	¿Cómo consiente mi enojo
	deslealtades entre engaños?
	Daré voces. Diré al Rey 640
	lo que le ofenden los dos,
	a la gente, al Cielo, a Dios
	y a su profanada ley.
JEZABEL.	Ahora sí, que esa lealtad
	desmiente recelos míos. 645
	Alzad del suelo, cubríos,*
	pedid mercedes, llegad.
NABOT.	Yo, gran señora, estoy bien.
JEZABEL.	Haced lo que os mando yo.

Levántase y cúbrese.

NABOT.	Ya, señora, me cubrió 650

643:   profanada] profunda L.

	vuestro favor.	
JEZABEL.	Quiéroos bien.	
RAQUEL. [*Ap.*]	Cubrióse delante della,	
	del suelo se ha levantado:	
	mi agravio ha certificado,	
	con su lealtad atropella.	655
NABOT. *(Ap.)*	(Si no es que finja despierta	
	sueños aquesta mujer	
	¿cómo puede responder	
	y hablando no desconcierta?	
	¿Qué es eso Cielos?)	660
JEZABEL.	Pedid	
	mercedes que recibáis.	
NABOT.	Si vos, señora, aumentáis	
	mi cortedad, advertid	
	lo primero que os suplico.	
JEZABEL.	Decid, no tengáis temor.	665
NABOT.	Tiembla de vuestro rigor	
	este imperio noble y rico;	
	siente el ver que en tal belleza	
	pueda caber tal crueldad:	
	en los reyes la piedad	670
	acrecienta la grandeza.	
	Habéis mandado dar muerte	
	a los profetas sagrados	
	que nuestros antepasados	
	reverenciaban, de suerte	675
	que, oráculos de Israel,	
	su dicha estribó en oírlos.	
	Si vos dais en perseguirlos	
	y el reino por Jezabel	
	pierde favores del Cielo	680
	¿que mucho que os quieran mal?	
JEZABEL.	Sirva Israel a Baal,	
	que es más piadoso este celo;	
	servilde vos y tendréis	
	acción que al Rey os iguale:*	685
	lo que su corona vale,	
	y más que ella, gozaréis.	
	Frecuentad su culto vos,	
	que en su bosque y espesura	

os aguarda una ventura   690
que no os dará vuestro Dios.
Deidad que gusta y dispensa
imposibles de otro modo
que a todos iguala en todo;
quien menospreciarla piensa   695
no es cuerdo. Yo os amo mucho,
amadme otro tanto vos,
que os importo más que el Dios
que adoráis.

NABOT. *(Ap.)*   (¿Qué es lo que escucho?)

Antes que la ley olvide   700
(que en Sinaí nos dio Moisén),
que a idólatras quiera bien,
que cumpla lo que me pide
quien el tálamo sagrado
de su esposo trata mal: 705
que me llame desleal
Raquel, a quien he adorado;
por un falso testimonio
me juzgue mi patria aleve,
me saque al campo la plebe   710
me usurpe mi patrimonio,
y apedreado de todos,
en vez de alabastro pulcro
montones me den sepulcro
de piedras de varios modos.   715
Mi ley, mi Rey natural
reverencio: esto profeso.

JEZABEL.   Pues cumpliráse todo eso,
no siendo a mi amor leal.

NABOT.   ¿Gran señora? Vuestra Alteza   720
algo sin duda ha soñado
que la altera.

JEZABEL.   Hame alterado
vuestra mucha rustiqueza.
Industria para deciros
lo que os quiero, me fingió   725
dormida; juzgaba yo*

705:   esposo] esposa L.

que entre sueños mis suspiros
hicieran en vos señales
de estima que agradecer,
pues no entibian su poder   730
por dormir, suspiros reales.
Mas vos (cuyo corazón
desprecia tales empeños)
diréis, porque os amo en sueños,
que los sueños sueños son.*   735

NABOT.   A resolución, señora,
tan extraña ....

Quiérese ir, levántase la REINA *como que despierta y
detiénele.*

JEZABEL.   Deteneos
y estimad más mis empleos.
RAQUEL. [*Ap.*] La Reina a su Rey traidora,

como a nuestro Dios, pretende   740
obligar a su regalo
a mi esposo; menos malo
es, pues de ella se defiende.

Entrase RAQUEL.

NABOT.   Vuestra majestad repare ....
JEZABEL.   No hay reparos en amor.   745
NABOT.   ...que soy leal.
JEZABEL.   Sois traidor
a mis llamas.
NABOT.   Quien juzgare*
sin pasión lo que al Rey debo, ...
JEZABEL.   Amor es dios, si él es Rey.
NABOT.   ...a mi Dios y ley.   750
JEZABEL.   No hay ley
ni hay Dios sino el que os doy nuevo,

743:   Entrase Raquel] Vase M^1, M^2, G, L.
751:   ni hay Dios] no ay Dios M^1.

	Baal, que me améis permite;	
	por eso os mando adorarle.	
NABOT.	¿Y vuestro esposo?	
JEZABEL.	Matarle.	
NABOT.	¡Gran señora!	755
JEZABEL.	Cuando imite	

a Semíramis, que a Nino
(en tres días que la dio
el reino que le pidió)
a ser su homicida vino,
en su ejemplo hallaré excusa: 760
no soy yo de mi hijo amante
como ella, causa bastante
doy a la llama difusa
que me abrasa. ¡Baal vive,
que ejemplo de desdichados   765
(si despreciáis mis cuidados)
habéis de ser!

NABOT.   Pues derribe
mi cabeza la crueldad
que, torpe, me asombra en vos,
Reina. Que vive mi Dios;   770
que contra la Majestad
del Rey que obedezco fiel,
de la esposa a quien adoro,
ni el interés de un tesoro,
ni el castigo más cruel,   775
ha de hacer mella en mi honor
porque a vuestra culpa iguale.   *(Vase)*

JEZABEL.   Sabes, bárbaro ....

Sale primero CRISELIA *y luego el* REY, JEHÚ, ABDÍAS,
JOSEPHO *y otros.*

CRISELIA.   El Rey sale.
JEZABEL.   ...yo me vengaré, traidor.
ACAB.   No como Rey (hermosa prenda mía),   780
             como ministro vuestro solamente,

766: despreciáis] desprecias M².

de Israel desterré la hipocresía
que ciega amotinaba nuestra gente.
Trescientos y más son los que este día*
en Samaria (llamándome inclemente)   785
porque los pueblos predicando engañan,
las aras de Baal en sangre bañan.
Si alguno queda vivo (que lo dudo)
él mismo, temeroso, se destierra
y el falso Elías (que ofenderos pudo)   790
desembaraza, huyendo, nuestra tierra.
Bosques consagro, en sus altares mudo
la adoración que sola Judá encierra.
Célebre templo al dios Baal dedico,
en fábrica admirable, en rentas rico.   795
Mandado he convocar el reino nuestro
para que, junto en él, quien la rodilla
no postrare a Baal (por gusto vuestro)
sujete la cerviz a la cuchilla.
De esta manera lo que os amo muestro: 800
Baal es dios, vos sois la maravilla
de la beldad mayor que Apolo alienta;
piérdase el reino y téngaos yo contenta.

JEZABEL.   ¡Los brazos (no la lengua) han de premiaros,
que de ello, caro esposo, he de quereros!   805
¡Huya Elías, que vino a amenazaros,
perezcan sus secuaces agoreros!
Ya no podrán, mi Acab, pronosticaros
trágicos fines de peligros fieros.
Gracias al cielo, que nos deja Elías   810
limpio a Israel de sus hipocresías.

ELÍAS *muy venerable a lo penitente.*

ELÍAS.   No blasones impiedades,
lascivo y bárbaro Rey,
hijo del esclavo Amrí,*

802: beldad] M; verdad P, M², G.L,C,R.
805: de ello] de ellos M².
806: vino a amenazarnos] vino amenaçaros M¹, M².
812: blasones] blasoneis M².
814: Amrí] Amiri L.

consorte de Jezabel.   815
No blasones impiedades
contra el Cielo, a quien infiel
provocas contra tu vida,
yo su profeta, El tu juez.
Afemina tu diadema   820
(no en la cabeza) en los pies,
pues indigno de ser hombre
te gobierna una mujer.
Sigue idólatras engaños
del primero que a Israel   825
apartó del culto pío
que Dios intimó en Oreb.*
Simulacros del demonio
erige, porque después
que Samaria te obedezca   830
la transformes en Babel.
Que pues blasfemas del templo*
que adora Jerusalén,
receptáculo del Arca
del Dios de Melquisedec,   835
nombre y fama adquirirás
del príncipe más cruel
que tendrán las tribus doce
de Saúl a Manasés.*
Ni el torpe Jeroboán   840
(que ingrato al Cielo y su Rey,
hizo que el pueblo adorase
los becerros de Betel)*
en los insultos te iguala,
ni los cinco que tras él*   845
infamaron la corona
que ciñe las tribus diez.
Bebe la sangre inocente*
de tanto profeta Abel,
que en el seno de Abrahán   850
clamando los cielos ven.
Sigue las supersticiones,

828-31:   Simulacros del demonio ...en Babel.] *Omit* M[1].
829:   erige] eriges M[2].
848-51:   Bebe la sangre inocente ...los cielos ven.] *Omit* M[1].

```
               por no irritar su desdén,
               de esa harpía de Sidón,*
               de esa Parca de Israel;                    855
               que pues por ella te riges,
               yo, imitador de Finés*
               de parte de Dios te anuncio
               (pues, ciego, blasfemas dél)
               que mientras a ruegos míos              860
               no me abriere su poder,
               los tesoros de esas nubes,
               que el campo vuelven vergel,
               con llave de acero y bronce
               cerrados, no han de llover               865
               sobre tu mísero reino;
               porque perezcáis tú y él,
               rayos de adusto calor
               yesca tienen de volver
               las más fértiles riberas                 870
               que en vuestros valles tenéis.
               Ni el ganado ha de hallar pastos,
               ni los hombres que comer,
               porque vuestras rebeldías
               se castiguen de una vez.                 875
               Esto os intimo de parte
               del Dios que adoró Israel:
               o a tragedias te apercibe,
               o vuelve a abrazar su ley.
ACAB.          ¡Oh rígido anunciador                    880
               de agüeros, por más que estés
               en ese Dios confiado
               que en mi vida adorare,
               no te librarás agora
               de la muerte más soez                    885
               que dio escarmiento al delito
               y al engaño que temer ....
```

Saca el REY *la daga, va a herir a* ELÍAS *y vuela.*

857:   Fines] Finees P; Finecs C,R.
859:   blasfemas] blasones M[1].
864:   de acero y bronce] de oro y bronce M[2].

	¡Aguarda, profeta falso!	
ELÍAS.	Blasfemo, bárbaro, infiel.	
	Ansí sabe Dios guardar	890
	a los que esperan en El.	
JEZABEL.	¡Seguilde, vasallos míos	
	si vengarme pretendéis!	
ACAB.	Flechalde por esos aires	
	y al vuelo le mataréis.	895
JEZABEL.	¡Oh hechicero encantador!	
	No sosiegue Jezabel	
	mientras no beba tu sangre,	
	mientras no bañes mis pies.	
	Baal te pondrá en mis manos.	900
	¡Hebreos, volad tras él!	
	Alas lleva la venganza,	
	con ellas le alcanzaréis.	
ACAB.	Ministros de mi justicia	
	he de despachar tras él;	905
	por cuanto circunda el mar	
	no se me podrá esconder.	
JEZABEL.	Yo desharé tus hechizos.	
ACAB.	Quien su cabeza me dé	
	será en mi reino el segundo.	910

JEZABEL.	Quien le ampare, guárdese.	*(Vanse)*
JOSEPHO.	¿Qué sentís de estas crueldades?	
ABDÍAS.	Que es fuerza el obedecer.	
JEHÚ.	Yo parto en su busca al punto,	
	que temo y respeto al Rey.	915
JOSEPHO.	¿Qué importan sus amenazas	
	si vuelve el Cielo por él?*	
JEHÚ.	Esto y mucho más peligra	
	reino en que manda mujer.	*(Vanse)*

892: Seguilde] Seguidme R.

ACTO SEGUNDO

Sobre unas peñas muy altas salen DORBÁN *y* ZABULÓN,
pastores, y abajo CORIOLÍN, *pastor.*

ZABULÓN.	¡Ha del monte del Carmelo	920
	serranos! ¡Abajo, abajo!	
CORIOLÍN.	Tomado lo han a destajo.*	
LOS DOS.	¡Al valle!	
CORIOLÍN.	¡Al valle, mi agüelo!*	
	El hambre mos trae de talle	
	que andar a pie es trabajo,	925
	y ellos dalle abajo, abajo.	
	¡Serranos, al valle, al valle!	
DORBÁN.	¡Ha del monte, ha de la sierra!	
	¡Al valle, al valle a la junta!*	

Van bajando.

CORIOLÍN.	Dado le han. ¿A qué se junta	930
	(si sabéis) toda la tierra?	
ZABULÓN.	A ver si remedio hallamos	
	al hambre que padecemos.	
DORBÁN.	Tres años ha que no vemos	
	nube en el cielo.	935
LISARINA.	Acá estamos	
	todos.	
CORIOLÍN.	Lisarina ¿vos	
	a qué venís?	
LISARINA.	Las mujeres	
	también damos pareceres.	
ZABULÓN.	¿Y serán buenos?	
CORIOLÍN.	¡Par Dios!	
	si los vuesos son del talle	940

921:   serranos] serranas P-G-L-C-R.
923:   mi agüelo] mi agueso L.
924:   El hambre] el hombre L.

que los que Jezabel da,
el dimuño os trujo acá.
Ya habemos bajado al valle.
¿Qué tenemos?

DORBÁN.   Coriolín,
la falta de bastimentos   945
a personas y a jumentos
amenaza triste fin.
Sentaos y busquemos modos
como no muera la gente.*

Asiéntanse.

CORIOLÍN.   Dadme vos con que sustente   950
el estuémago, que todo
se me desmaya de cuajo;
o, pues son impertinentes,
alquiladme boca y dientes
con la oficina de abajo,*   955
que en mí no tienen que her.

LISARINA.   Ya estamos todos sentados.

DORBÁN.   Pastores, ya no hay ganados
que esquilar ni que comer;
a nadie el hambre reserva.   960
Los cielos están con llave,
ni por el viento vuela ave,
ni alegra a los campos hierba;
no hay arroyo que no trueque
en polvo el agua que borra,   965
río que a manchas no corra,
fuente que ya no se seque.
Todos la vida nos tasan
por quitarnos el sosiego,
que son los pecados fuego   970
y hasta las fuentes abrasan.
No se enmiendan nuestros Reyes,
y así crecen nuestras quejas;

948: busquemos modos] busque modos M².
950: *Asiéntanse*] *Omit* G-L.
963: ni alegra a los campos] ni alegran los campos L.

comímonos las ovejas,
no perdonamos los bueyes.   975
Si yo a persuadiros basto,*
lo que vos vengo a decir
y se nos han de morir
las bestias por no haber pasto,
mejor es que las matemos   980
y a costa suya vivamos,
pues como las dividamos
el pueblo socorreremos.
¿Qué os parece?

ZABULÓN.   Habéis habrado
como Sanlimón, pardiobre;   985
no perezca el puebro pobre,
y más que no haya ganado.

DORBÁN.   Yo tengo una yegua flaca.

ZABULÓN.   Yo una mula.

LISARINA.   Yo un jumento.

CORIOLÍN.   Yo un rucio, pero no intento   990
(aunque el hambre no se apraca)
que por ingrato me arguya
y tan mal pago le den,
que es un borrico de bien;
mi ánima con la suya   995
cuando de este mundo vaya.*

LISARINO.   Por votos heis de pasar.

CORIOLÍN.   ¿Votos?

LISARINA.   No hay que repricar
como la suerte vos caya.

DORBÁN.   El más mozo es Coriolín   1000
del puebro: voto por él.

CORIOLÍN.   Dorbán, siempre sois cruel.

DORBÁN.   Yo entregaré mi rocín
después que hayamos comido
vueso burro.

LISARINA.   Yo eso quiero.   1005
Muera su burro primero.

CORIOLÍN.   Y a vos ¿quién vos a metido
en los votos del Concejo?

995:    con la suya] como la suya G-L.

LISARINA.	Yo, que también so presona.
ZABULÓN.	A nadie el hambre perdona; 1010
	hed repartir el pellejo*
	para almorzar por la gente;
	y el burro el siguiente día,
	vaya a la carnicería,
	donde se pese igualmente: 1015
	que éste es nueso voto y gusto.
CORIOLÍN.	De capa os sirvió el pellejo;
	vote, mi burro, el Concejo
	sobre la capa del justo;
	que yo moriré con vos, 1020
	pues que libraros no pudo
	el mi amor.
LISARINA.	Venga el menudo,
	aderezaréle.
CORIOLÍN.	¡Adiós
	el mi jumento del alma!
	Vivo queda quien vos pierde; 1025
	mas porque de vos me acuerde
	yo colgaré vuesa enjalma
	del cravo do está el mi espejo;
	vueso ataharre traeré
	al cuello por banda, en fe 1030
	que no os olvido, aunque os dejo.
DORBÁN.	Esto está bien ordenado.
	Venid, daréisnosle.
CORIOLÍN.	¿Yo
	traidor a quien me llevó
	en somo de sí asentado? 1035
	¿Con qué vergüença pudiera
	decirle a mi buen jumento:
	yo del vueso prendimiento
	corchete soy? ¿Qué dijera*
	entonces el rucio mío? 1040
	Vaya el Concejo a llevarle
	pues se atreve a sentenciarle.

1009: LISARINA] CORIOLIN P.
1027: yo colgaré] yo cuelgare M².
1028: del cravo] do el cravo M².
1037: a mi buen jumento] al mi buen jumento M¹-G-L.

DORBÁN.	Dejad ese desvarío,	
	¿Estáis en vos?	
ZABULÓN.	¡Ea, venid!	
CORIOLÍN.	Pues que ya llegó su plazo	1045
	Zabulón, dalde un abrazo,	
	y en mi nombre le decid	
	(cuando le deis el segundo)...	
LISARINA.	Coriolín, cansado estás.	
CORIOLÍN.	...que no mos veremos más*	1050
(Ap.)	(si no es en el otro mundo.) *(Vanse)*	

Sale ABDÍAS, *solo.*

ABDÍAS.	Tres años ha, mi Dios, que las impías	
	persecuciones ocasionan llantos,	
	y en tus profetas y ministros santos	
	la crueldad ejecuta tiranías.	1055
	Tres años ha que de mi pecho fías	
	(a pesar de amenazas y de espantos)	
	tus fieles siervos, puesto que ha otros tantos	
	que el cielo cierra la oración de Elías.	
	En dos cuevas amparo y doy sustento	1060
	a cien profetas tuyos, escondidos	
	del poder de la envidia y los engaños.	
	Ampara tú, Señor, mi justo intento;	
	clemente abre a mis ruegos los oídos;	
	baste, mi Dios, castigo de tres años.	1065
	Si hallare yo algún pastor	
	de cuya simplicidad	
	se confíe mi piedad	
	sin riesgos de mi temor....	
	Mayordomo de la casa	1070
	soy del Rey, y su privado;	
	su gobierno me ha fiado,	
	todo por mi mano pasa;	
	pena ha puesto de la vida,	
	con privación de la hacienda,	1075

1051: *(Vanse)] Omit* P-M¹; *vase* G-L.
1054: tus] sus P-M¹ M²[?].
1066: hallare] hallara C-R.

a quien ampare y defienda
a algún profeta; perdida
ha tres años que la tengo,
pues por conservar mi ley
voy contra el gusto del Rey   1080
y cien profetas mantengo.
No hay hombre de quien fiarme.
¡Deparadme, eterno Dios,
quien me ayude en esto, Vos!

Sale CORIOLÍN.

CORIOLÍN.   Murria me viene de ahorcarme*   1085
               sin vos, el mi ruico amado,
               el mi lindo compañero:
               ¿vos, mi burro, al carnicero?
               ¿vos por él descuartizado?
               ¿que habéis de morir, en fin?   1090
               ¿que ya mi amor no os aguarda?
               ¿qué hará sin vos el albarda,
               si no la trae Coriolín?
               ¿qué la burra (o vos sin ella)
               de mi comadre Darinta,   1095
               que estaba por vos encinta;
               viuda hoy y ayer doncella?
ABDÍAS.   Oye, detente, pastor.
CORIOLÍN.   Si de un lazo no me escurro....
ABDÍAS.   ¿Estás loco?
CORIOLÍN.   Estó sin burro.   1100
ABDÍAS.   ¡Qué simple!
CORIOLÍN.   Mire, señor,
               pues que no le ha conocido,
               no se espante si le lloro,
               que era como un pino de oro:*
               jumento tan entendido,   1105
               no le tuvo el mundo.
ABDÍAS.   Acaba.
CORIOLÍN.   ¿Piensa que miento? Decían

1104: que era como] era como M¹.

que las burras le entendían
cuantas veces rebuznaba;
pues honesto, en mil sucesos   1110
que con las hembras se halló
nunca en la carne pecó,*
¡que estaba el pobre en los huesos!
Pues la vez que caminaba
tan cuerdo hue de día en día,   1115
señor, que en todo caía,
o al de menos tropezaba.
Pues sofrido no hubo her,
por más palos que le diese
que alguna vez se corriese,   1120
que él jamás supo correr;
pues aunque huese de prisa
si a su jumenta oliscaba,
al cielo el hocico alzaba,
que hue una boca de risa.   1125
Y con tener estas gracias
y otras que callo, señor,
me le llevan ¡ay dolor!
la cola y orejas lacias,
a morir al matadero,   1130
do el carnicero le sise
y el hambre después le guise.
¿Hiciera más un ventero?*

ABDÍAS. *(Ap.)* (Esta sencillez podrá
asegurar mi recelo.)   1135

CORIOLÍN. Pondréme paños de duelo
por él.

ABDÍAS.   Pastor, oye acá,
como me guardes secreto
yo te daré otro mejor.

CORIOLÍN. ¡Mas, arre allá!

ABDÍAS.   Tu favor   1140
he menester.

CORIOLÍN.   ¿En defeto*
que a quien secretos le guarda

1115:   de día en día] de en dia en dia P-C-R.
1121:   supo correr] supo que her [?] M².

	da burros y de comer?	
ABDÍAS.	Sígueme.	
CORIOLÍN.	¿Y qué hemos de her	
	si no le viene el albarda?	1145
ABDÍAS. *(Ap.)*	(Con éste puedo enviar	
	a mis santos la comida,	
	mientras el hambre atrevida	
	y el temor no da lugar	
	a que en público los goce	1150
	nuestro mísero Israel.	
	No temeré a Jezabel	
	pues éste no la conoce,	
	ni quien soy tampoco sabe.)	
CORIOLÍN.	¿Quién tal dicha hallar pudiera?	1155
	Echeme en la faltriquera	
	el secreto, si tien llave.	
ABDÍAS.	Mi Dios, contra un Rey ingrato	
	esta piedad os dedico.	
CORIOLÍN.	¿Por un secreto un borrico?	1160
	¡Pardiez que compré barato!* *(Vanse)*

Salen ACAB, JEZABEL, JEHÚ *y* JOSEPHO.

ACAB.	En fin, que contra Elías	
	salen frustradas diligencias mías.	
JEHÚ.	Encantos de sus vuelos*	
	nos le arrebatan penetrando cielos;	1165
	cuantos embajadores	
	has despachado, dándoles favores,	
	desde Grecia a Etiopia,*	
	por cuanto esmalta la florida copia*	
	fecunda de Amaltea,	1170
	el mar de zafir baña, el sol rodea,	
	sin perdonar desierto,	
	valle, monte o collado, han descubierto	
	sus fieles diligencias,	
	sin tener nuevas dél.	

1158: contra un Rey] contra rey M².
1164: JEHU] JEZABEL C-R.

ACAB.   Las inclemencias   1175
del cielo que ocasiona
no siempre han de ofender a mi corona.
Hermosa prenda mía,
¿quién sino vos apaciguar podía
mis pesares y enojos,   1180
si estriba mi descanso en vuestros ojos?
Elías no parece,
todo mi reino mísero perece,
porque hechizos y encantos
le niegan el sustento meses tantos,   1185
por ese vil profeta
a quien el cielo todo se sujeta,
a quien sus inflüencias
la llave han dado.

JEZABEL.   Abrásanme impaciencias;
no muera yo hasta tanto   1190
que en sangre trueque Palestina el llanto
que compasivo vierte,
y a quien le causa, den mis manos muerte.

ACAB.   Entre las flores bellas
de este jardín (pues vos reináis en ellas)   1195
divirtamos pesares;
pongan aquí la mesa y los manjares.

JEHÚ.   Todo está prevenido
en este cenador, que guarnecido*
de jazmines y nuezas   1200
fino sitial es, tálamo de Altezas.

ACAB.   Sentaos, pues, dulce prenda,
que aunque el enojo vuestro pecho encienda,
no tarda la venganza
(aunque espaciosa) cuando al fin se alcanza.   1205
Cantad tonos süaves,
alternándoos vosotros con las aves,
que una y otra armonía
divertirán la hermosa prenda mía.

1193: y a quien] a quien M^2.
1198: JEHÚ] JEZABEL C-R.
1201: fino] C-R; sino P-M^1-M^2-G-L.

Descúbrese una mesa con dos sillas y un aparador debajo de
un jardín. Siéntanse, comen y los MÚSICOS *cantan.*

CANTAN.	*Dos soles tiene Israel**	1210
	y que se abrase recelo	
	el del cielo y Jezabel.	
UNO.	*¿Cuál es mayor?*	
OTRO.	*El del cielo.*	
TODOS.	*Eso no, que el dios de Delo*	
	se eclipsa y cubre de un velo	1215
	y el nuestro luce más que él.	
ACAB.	Buena es la dificultad	
	de la letra, mas mi esposa,	
	en fe de que es más hermosa,	
	a Apolo da claridad.	1220
	Cada día la deidad*	
	del cuarto planeta nace,	
	y aunque al mundo satisface,	
	cada noche también muere;	
	mas quien a mi esposa viere	1225
	que alumbra, deleita y vive,	
	dirá que de ella recibe	
	vida el sol y luz el suelo,	
	y que la debe más que a él.	
CANTAN.	*Dos soles tiene Israel*	1230
	y que se abrase recelo	
	el del cielo y Jezabel.	
UNO.	*¿Cuál es mayor?*	
OTRO.	*El del cielo.*	
TODOS.	*Eso no, que el dios de Delo*	
	se eclipsa y cubre de un velo	1235
	y el nuestro luce más que él.	
ACAB.	¿Quién ha compuesto esa letra?	
JEZABEL.	La adulación. Mas ¿qué es esto?	

En cantando bajan dos cuervos por el aire y el uno arrebata

1218:   de la letra] de la tierra L.
1235:   cubre] cubra P.

un pan y el otro una ave asada, y vuelven a volar y
levántanse.

ACAB.	¡Anuncios de mis desdichas,	
	aves torpes del infierno!*	1240
JEZABEL.	¡Daldas la muerte, flechaldas!	
ACAB.	Quitad esa mesa. ¡Ah cielos!	
	tragedias y mortandades	
	me intiman fúnebres cuervos;	
	plumas de luto me anuncian	1245
	el mísero fin que espero.	
	Nuestras mesas contaminan	
	las harpías de Fineo,*	
	presagios lloro infelices;	
	el corazón en el pecho*	1250
	buscando al alma salida	
	ya es tirano de mi aliento.	
	¡Llorad mi muerte, vasallos!	
JEZABEL.	¡Rey, señor, esposo!	
ACAB.	Tiemblo,	
	dudo, desmayo, suspiro,	1255
	abrásome vivo, y muero.	
	Los cielos son contra mí.	
	¿Quién resistirá a los cielos?	
	Mi mortal sentencia firman	
	plumas de verdugos cuervos.	1260
JEZABEL.	¿Qué afeminado temor	
	desacredita el esfuerzo	
	que un hombre, un Rey, un Monarca	
	debe tener? Si en ti el miedo	
	se apodera de ese modo,	1265
	¿de tus vasallos qué espero?	
	¡Gentil traza de animarlos!	
	¡mejor diré de ofenderlos!	
	¿Qué ejércitos de enemigos	
	te hacen guerra a sangre y fuego?	1270
	¿Qué nubes arrojan rayos?	

1238:   y levántanse] levantanse de la mesa G-L.
1252:   ya] *omit* M².
1259:   firman] afirman M².
1268-72:   ¡mejor diré ......el centro?] *omit* M¹.

¿Qué terremotos el centro?*
Esto es cosa natural:
el aire niega avariento
las preñeces a sus nubes   1275
que fertilicen el suelo;
perecen tus reinos de hambre,
los montes están desiertos,
las plantas se esterilizan,
los valles sin hierba secos;   1280
a las aves y a los brutos
les niega sus alimentos
la tierra, que siendo madre,
madrastra esta vez se ha vuelto.
¿Qué mucho, pues, que atrevidos   1285
busquen de comer los cuervos,
y que la necesidad
haga pirata su vuelo?
¿No te avergüenzas, siendo hombre,
que te anime el vil sujeto   1290
de una mujer, que se burla
de mentirosos agüeros?
Si no ignoras los hechizos,
los engaños y embelecos
de ese Elías, burlador   1295
de mi ley y tus preceptos,
¿qué mucho que en nuestro agravio
obligue, para ofendernos,
las aves que nos persigan,
si le obedece el infierno?   1300
Su muerte a tu vida importa,
a mi injuria, a tus deseos:
muera Elías, dueño caro,
y abrirán después dél muerto*
los tesoros a sus lluvias   1305
las nubes, que obedecieron
los conjuros execrables
que nos las vuelven de acero.
¡Buscalde, vasallos míos!

1277-79:   perecen tus reinos .....esterilizan] *omit* M[1].
1289-92:   ¿No te avergüenzas ..... mentirosos agüeros?] *omit* M[1].

que al que le hallare prometo   1310
hacerle (a pesar de envidias)
el segundo de este reino;
gozará nuestra privanza,
estribará en su gobierno
la guerra y la paz, su nombre   1315
quedará en bronces eternos.
Si la lealtad no os anima,
anímeos siquiera el premio:
más oculto que él, el oro,
la plata, el cobre y el hierro   1320
vive en las minas profundas
y no se libra por eso
de la avaricia del hombre,
aunque le escondan sus cerros.
La verdad vence al engaño,   1325
la virtud encantamentos.
Baal os dará favor:
id, que su ayuda os ofrezco.

ACAB.   Tus palabras me dan vida,
la respiración me has vuelto;   1330
en tu lengua Apolo asiste,*
él te influye esos consejos.
¡Seguildos, executaldos!
Pero mirad, que os advierto
que si volvéis sin Elías   1335
seréis al mundo escarmiento.
¡Por vida de Jezabel,
que es sola el alma que tengo,
que en una cruz afrentosa
ha de hacer plato a los cuervos   1340
(porque no asalten los míos)
el que atrevido, indiscreto,
diere la vuelta a Samaria
sin Elías, vivo o muerto!
Esto os notifico a todos: 1345
si los castigos y premios
ponen alas, escoged

1313-16:   gozará nuestra privanza .....en bronces eternos] *omit* M[1].
1329:   Tus palabras me dan vida] Tus palabras me dan la vida G-L.
1346:   castigos y premios] castigos o premios M[2].

	o coronas o destierros. *(Vanse los* REYES*)*	
JOSEPHO.	¡Qué crueldad!	
JEHÚ.	¡Qué tiranía!	
JOSEPHO.	¿Qué habemos de hacer?	
JEHÚ.	Perdernos	1350
	o buscarle. ¡Adiós Samaria!	
JOSEPHO.	Imposibles pretendemos. *(Vanse)*	

Sale ELÍAS..

ELÍAS.

Tres años ha que escondido
entre aquestas soledades,
porque defiendo verdades,   1355
de todos soy perseguido.
Vos, mi Dios, habéis querido
que asperezas del Carmelo
(porque celo*
el culto de vuestra ley)   1360
me amparen de un torpe Rey
y de una mujer lasciva,
porque viva
cual bruto en esta montaña.
¡Cosa extraña   1365
que triunfe el vicio que engaña,
que ande huyendo el que os es fiel,
que reinen idolatrías,
que el mundo aborrezca a Elías
y que adore a Jezabel!   1370
Deste arroyo (que al Jordán
tributa y Carit se llama)
los cristales que derrama
mi llanto imitando van.
Secos los demás están,   1375
que cual mercader quebrado*
se ha alzado
el cielo, todo rigores,
sin pagar acreedores,

1356:   soy perseguido] sois perseguido P.

con inmensos   1380
tesoros de agua, que en censos
cobraban, correspondientes,
los vivientes,
montes, prados, lagos, fuentes.
Pero ya en arenas secas   1385
ni flores ni frutos nacen,
porque los pecados hacen
fallidas las hipotecas.
¡Perezcan, mi Dios, protervos!
¡Acábese la impiedad!   1390
¡La sangre, Señor, vengad
que derraman vuestros siervos!

*Bajan volando los dos cuervos y traen en los picos lo que
quitaron de la mesa del* REY.

¿Pero qué es esto? Los cuervos,
de quien mi defensa fía
la fe mía,   1395
a traerme de comer
vienen: hora debe ser.
¡Ay Señor de inmensos nombres!
Si los hombres,
porque a Jezabel obliguen,   1400
me persiguen,
los brutos voraces siguen
piedad que en ellos no vemos.
¡Qué bárbaros desvaríos!
Venid, maestresalas míos,*   1405
que todos tres comeremos.   *(Vase)*

Sale RAQUEL, *sola.*

RAQUEL.   Busco alivio a mis desvelos,*
casa de placer, en vos,
y enfermos de un mal los dos,
entrambos lloramos celos.   1410

Las fuentes, los arroyuelos,*
las plantas, las verdes flores,
los alegres ruiseñores,
naranjos, vides y hiedras,
si en amar fundan sus medras   1415
con celos tienen temor;
todo es celos, todo amor:
pájaros, flores y piedras.
Si en los arroyos y fuentes
reparo, el temor me avisa   1420
que hay celos entre su risa,
pues murmuran entre dientes.
Celos las flores presentes
lloran, que las acompañan,
pues el vidrio en que se bañan   1425
las avisa (aunque lo ignoran)
que si de sí se enamoran,
de sí celosas se engañan.
Estas vides, todas lazos
destas hiedras Brïareos,   1430
¿por qué trepan los deseos
ciñendo el muro a pedazos?
¿por qué con verdes abrazos
crecen entre ajenas medras,
sino porque hasta las hiedras   1435
ejemplos del firme amor,
tienen, celosas, temor
que se les vayan las piedras?
¿Por qué con música y vuelos
los ramilletes del aire   1440
compiten en el donaire,
si no porque tienen celos?
No afectan sino desvelos,
no rondan sino temores,
no cantan sino favores,   1445
no piden sino asistencias,
porque donde hay competencias
celos avivan amores.
Más causa tienen mis males,

1419-28:   Si en los arroyos .....celosas se engañan] *omit* M[1].

mis llantos más pena admiten,   1450
que, en fin, ellos, si compiten,
es entre opuestos iguales;
mas yo que con celos Reales
lloro agravios evidentes,
bien podré, por más ardientes,   1455
juzgar mis celos mayores
que los que abrasan las flores,
las plantas, aves y fuentes.

                    Sale NABOT.

NABOT.   De extraños bienes nos priva
                la tirana Jezabel.   1460
RAQUEL.   No es tirana, no es cruel
                la que, tierna y compasiva,
                con vos, de suerte se ablanda
                que a su presencia os admite,
                estar junto a sí os permite,   1465
                cubrir la cabeza os manda.
                Ya sois Grande de su Estado,*
                ya con Acab competís,
                ya a su amor os preferís,
                ya os soñaréis colocado,   1470
                ya usurpador de su silla.
                Quitarle el reino queréis,
                y Raquel, pretenderéis,
                que hincándola la rodilla,
                la mano os llegue a besar.   1475
                Blasonad lealtad y ley;
                decidnos que a Dios y al Rey
                debemos reverenciar:
                que estas dos cosas cumplís
                ofendiendo al Rey y a Dios.   1480
NABOT.   Cara prenda, ¿estáis en vos?
                ¿Yo a Dios y al Rey? ¿Qué decís?
RAQUEL.   ¿No besastes una mano,

1474:   ˉhincándola la rodilla] hincando la rodilla L.
1483:   ¿No besastes una mano] No besasteis vos la mano M².

	no vasallo, amante sí,	
	que yo, fiscal vuestro, vi,*	1485
	siendo a vuestro Rey tirano?	
NABOT.	Tenéis celos. No me espanto	
	si la sospecha os cegó.	
	¿Yo a la Reina amor?	
RAQUEL.	¿Vos? ¡No!	
	¡que sois leal, sois un santo!	1490
	Lograd su amor descompuesto,*	
	ofended mi casta ley,	
	que yo daré cuenta al Rey	
	de lo que he visto. *(Vase* RAQUEL)	

Sale ACAB.

ACAB.	¿Qué es esto?	
NABOT.	¡Señor! ¿Vuestra Majestad	1495
	en ésta su casa y quinta?	
	No en balde se esmalta y pinta	
	hoy de nueva amenidad.	
ACAB.	Parece que vuestra esposa	
	quejas contra vos formaba,	1500
	¿qué tiene? ¿Por qué lloraba?	
NABOT.	Quiere bien y está celosa.	
	Ha dado en encarecer	
	lo que aun ignora la fama.	
ACAB.	Deleitan celos de dama	1505
	y enfadan los de mujer.	
	Oíd a lo que he venido,	
	que procuro ocasionaros	
	a servirme, para honraros.	
NABOT.	Basta haberlo pretendido	1510
	para que yo, gran señor,	
	eternamente obligado,	
	(ya esclavo, si antes criado)	
	engrandezca este favor.	
ACAB.	Esta viña (que así llama	1515
	vuestra quinta Jezrael),	
	en cuyo ameno vergel	
	Abril su copia derrama,	

como de mi casa está
tan cerca (que esta muralla   1520
sólo se atreve a apartalla),
me parece que será
más bella si estorbos quito,
y dilatando su espacio
con el parque de palacio,   1525
ilustrarla solicito.
Haré (si las incorporo)
un huerto fresco, un pensil,*
que eternamente el abril*
al de las manzanas de oro   1530
el nuestro fértil, prefiera;*
si a servirme os animáis
con ella, si me la dais,
gozaréis otra más bella
que vuestro caudal aumente,   1535
y aunque más distante esté,
frutos copiosos os dé
y al doble que aquesta os rente.
Pero si os está mejor
venderla, que no trocarla.   1540
yo gustaré de comprarla:
señaladme su valor
y convertiréosla en plata.
No como Rey os la pido,
cual mercader he venido   1545
que en posesiones contrata,
puesto que obligado quedo
siempre a acordarme de vos.

NABOT.   No permita, señor, Dios
que el patrimonio que heredo   1550
(y es solar de la limpieza*
que mis padres me dejaron,
cuando en ella vincularon
memorias a su nobleza)
se la quite yo a sus nietos.   1555
Gran señor, no ignoráis vos
que en su Levítico Dios
manda, por justos respetos,
que no se puedan vender

	posesiones que en herencia	1560
	toquen a la descendencia	
	del primogénito; ver	
	puede Vuestra Majestad	
	en el vigésimo quinto	
	capítulo si es distinto	1565
	mi intento de esta verdad.	
	Y aunque en esta ley dispense	
	el mismo legislador	
	con el pobre, y yo, señor,	
	venderla y serviros piense,	1570
	dándome el Cielo riqueza	
	con que mi sangre acredite,	
	si esta venta se permite	
	solamente a la pobreza,	
	¿de qué suerte queréis vos	1575
	que vaya contra mi ley?	
ACAB.	Yo, Nabot, soy vuestro Rey	
	y no adoro a vuestro Dios.	
NABOT.	Yo, sí, señor, yo le adoro,	
	yo me precio de cumplir	1580
	sus preceptos y morir	
	por ellos, aunque un tesoro	
	me diérades, no apetezco	
	ir jamás contra su ley.	
	Perdonadme, que a mi Rey,	1585
	por mi Dios, desobedezco.	
	Mandadme lo que sea justo	
	y veréis si soy leal.	
ACAB.	Podrá ser que os esté mal	
	no haberme dado este gusto. *(Vase)*	1590
NABOT.	Cumpla con el vuestro yo,	
	Dios mío, que es lo que importa:	
	toda humana vida es corta,	
	porque a censo se nos dio.	
	Si me mandare pagar*	1595
	el severo Rey con ella,	
	¿qué importa por Vos perdella,	
	si al fin es censo al quitar?	
	Los celos apacigüemos	

1599-1610:   Los celos apacigüemos ..... enemigos del alma] *omit* M[1].

de mi engañada Raquel: 1600
locuras de Jezabel
ocasionan sus extremos.
Temo a una Reina viciosa,
un Rey me causa desvelos,
mi esposa se abrasa en celos,   1605
y en fin, Rey, mujer y esposa
mi sosiego traen en calma.*
¿Qué haré si vienen a ser
mi esposa, el Rey, su mujer
tres enemigos del alma?   *(Vase)*   1610

Salen LISARINA *y* CORIOLÍN, *pastores.*

LISARINA.   ¿Que me niegas, en efeto,
                dónde has estado hasta agora?
CORIOLÍN.   Serrana pescudadora*
                un burro cuesta un secreto.
                Pues el otro me heis comido,   1615
                no quiero que me comáis
                el que me dioren; ya estáis
                emburrada, y ya os olvido.*
LISARINA.   Luego ¿no me quieres bien?
CORIOLÍN.   ¡Como a la peste! ¿Yo a vos?   1620
                ¿Hambre y amor? Ved qué dos
                para que se avengan bien.
LISARINA.   Dime tú que por Birena
                estás perdido.
CORIOLÍN.   Es verdá.
                ¿Tendréis celorrios?   1625
LISARINA.   Verá,
                no me dan los celos pena.
                Pero que me dejes siento
                por una ....
CORIOLÍN.   Quedo ...
LISARINA.   ... que tien
                la cara ....

1626:   no me dan] ya me dan M¹.

CORIOLÍN.	Tratalda bien.	
LISARINA.	... con cien burujones.	
CORIOLÍN.	¿Ciento?	1630

CORIOLÍN.   ¿Ciento?   1630
Pues ¿qué hacen los burujones
para el amor?

LISARINA.   ¿Eso dices?
Mujer de chatas narices*
echa la cara a empujones,
altibajos y repechos,   1635
los carrillos de pelota.

CORIOLÍN.   Es su cara bergamota,
mala vista y buenos hechos.
Quítame el ser chata enojos,
viéndola, cuando se para,   1640
de un golpe toda la cara
sin que trompiquen los ojos.

LISARINA.   Tú tienes gentil despacho.

CORIOLÍN.   Cara chata es de hembra sola,
pues faltándola la cola,   1645
no la pueden llamar macho;
por eso la quiero más,
pues aunque os cause celera,
tien de una misma manera
la de delante y detrás;   1650
más sana que a vos la hizo
chata el Cielo.

LISARINA.   ¿Qué me dices?

CORIOLÍN.   La verdá, pues sin narices
se ahorra de un romadizo,
y si mos casare Dios   1655
hasta her un abolengo,*
no importa eso, que yo tengo
narices para los dos.
¿Estáis contenta?

LISARINA.   ¿Para ésta?

CORIOLÍN.   ¿Juráismela? Pues bonito   1660
soy yo; no se me da un pito
de vos.

1633:   Mujer de chatas narices] *omit* M².
1642:   trompiquen] tropiezen M².
1661:   no se me da] no me se da M¹.

Salen dos SOLDADOS.

SOLDADO 1°.	Hacia aquella cuesta,
	cuya cumbre besa el cielo,
	dos pastores me afirmaron
	que los cuervos se asentaron; 1665
	de donde, abatiendo el vuelo,
	ignoran hacia qué parte
	guiaban.
SOLDADO 2°.	Será a sus nidos.
	¿Cómo fueron conocidos
	si no intentan engañarte? 1670
SOLDADO 1°.	Viéronlos llevar el pavo*
	y el pan.
SOLDADO 2°.	Si dan esas señas,
	no hay duda que entre estas peñas
	está Elías.
SOLDADO 1°.	¡Oh, si al cabo
	de tres años que tras él 1675
	andamos, le hallase yo!
SOLDADO 2°.	¿Qué? ¿Los cuervos hechizó?
	Bien le llama Jezabel
	embustero, encantador.
SOLDADO 1°.	Estos sabrán dónde asiste. 1680
SOLDADO 2°.	Si le hallas dichoso fuiste.
SOLDADO 1°.	Préndeme aquese pastor.
CORIOLÍN.	¿A mí prenderme? ¡Arre allá!
	¿Ya yo mi rucio no he dado?
LISARINA.	Préndanle, que es un taimado. 1685
SOLDADO 1°.	¿Adónde el profeta está,
	que en este desierto habita?
CORIOLÍN.	¿Quién, señor?
SOLDADO 1°.	Aquel profeta
	del Carmelo.
CORIOLÍN.	¿Ser poeta*
	es pecado? Hay enfenita 1690
	caterva de ellos doquiera;
	entre púbricos y ocultos,

1662-1747: SOLDADO] *omit* P-M¹-G-L.
1682: Préndeme] Prendedme G-L.

cómicos, críticos, cultos,
hay chusma villanciquera
y otras enfenitas setas   1695
que eslabonan desatinos;
entre catorce vecinos
los quince hallará poetas.

SOLDADO 2°.   No te preguntamos eso.
CORIOLÍN.   Pues ¿qué pescudan?   1700
SOLDADO 2°.   A Elías
buscamos los dos.
CORIOLÍN.   ¿A Herbías?
¿Y le cheren llevar preso?
Pobre de él.
SOLDADO 1°.   Tú le conoces,
pues que te lastimas de él;
premiaráte Jezabel,   1705
daráte hacienda que goces,
si adonde asiste nos guías.
LISARINA.   Señores, él le escondió.
CORIOLÍN.   Un sastre conocí yo,*
que tuvo por nombre Herbías,   1710
y al tiempo del espirar
le llevoren para lastre,
como al ánima del sastre
suelen los diabros llevar.
SOLDADO 1°.   No disimules, villano,   1715
si quieres vivir.
CORIOLÍN.   Acabe.
LISARINA.   Sacúdanle, que él lo sabe.
(A él, ap.)Vengaréme por su mano.
CORIOLÍN.   ¿Es por la chata?
LISARINA.   Traidor,
tú lo sabes, no hay que habrar.   1720
CORIOLÍN.   Acabe de declarar
qué es lo que busca, señor,
que tengo mucho que her.

1698:   hallará] hallaras M¹.
1707-14:   si adonde asiste nos guías .....los diabros llevar] *omit* G-L.
1713:   al ánima: el ánima M¹.
1714:   diabros] diablos M¹.
1720:   habrar] hablar M².

SOLDADO 1°.	Al profeta del Carmelo.	
CORIOLÍN.	¿Poeta de caramelo?	1725
	¡Qué dulce debe de ser!	
	¿Por qué le cheren tan mal?	
	Si es de miel no le castigue.	
SOLDADO 2°.	Porque al dios Baal persigue.	
CORIOLÍN.	¿Que persigue al dios Varal?	1730
	Terrible pecado ha hecho.	
SOLDADO 2°.	Dinos dónde se escondió.	
CORIOLÍN.	En mi vida he vido yo	
	dios Varal; será derecho.	
	Mas si hemos de habrar de veras,	1735
	ni yo conozco ese Herbías,	
	ni por aquí en muchos días	
	he vido, si no son fieras,	
	que a saberlo les prometo	
	que me holgara de ser rico.	1740
LISARINA.	Miente, señor, que un borrico	
	le dieron por un secreto,	
	y el secreto debe ser	
	que al que ellos buscan esconda.	
CORIOLÍN.	¿Pescudarlo ellos no bonda?*	1745
	¿Dó le había de esconder?	
SOLDADO 1°.	Traelde, que por su mal	
	el decírnoslo dilata.	
LISARINA.	Viuda ha de quedar la chata.	
CORIOLÍN.	Casaos vos con el Varal.* *(Vanse)*	1750

Salen JEZABEL *y* JEHÚ.

JEZABEL.	Cuéntame lo que ha pasado.	
JEHÚ.	Después que tres años, seca,	
	se quejaba por las bocas	
	la tierra, a Dios de sus grietas,	
	buscando todos a Elías	1755
	(como mandó vuestra Alteza),	
	vino Abdías a encontrarle,	
	y mil misterios le cuenta,	
	diciendo que resucita	

al infante de Sarepta,   1760
y en el hambre de su madre*
seis meses y más le aumenta
el aceite con la harina;
y que después en la sierra
del Carmelo le alentaron   1765
los cuervos (serán quimeras)
maestresalas, los manjares
que, hurtándolos de tu mesa,
le ministran; ¿qué no hará
una vejez hechicera?   1770
Presentóse al Rey, en fin,
y con osada soberbia
dice ser aquel castigo
porque al Dios de Moisén dejas;
pero que si pretende*   1775
que fertilice la tierra
el agua hasta aquí negada,
junte todos los profetas
de Baal, que si impetraren
de su dios que el cielo llueva,   1780
él (como falso y perjuro)
quiere perder la cabeza;
pero que si no los oye
y a Elías su Dios alegra
con el agua deseada,   1785
los otros la vida pierdan.
Trescientos y más se juntan,
que la imagen reverencian
del dios de Sidón que adoras,
y una infinidad inmensa   1790
de todo el reino y provincias;
y Elías con voz severa,
sobre la cumbre de un monte,
les dice de esta manera:
'Pueblo de Israel, ingrato   1795
a Dios y a su ley suprema,
¿de qué sirve que, mudables,
sigáis doctrinas opuestas?

1784:   y a Elías] ya Elias M².

¿Para qué andáis claudicando
en dos partes: ya en las ciegas   1800
imágenes del demonio,
ya en nuestra ley verdadera?
No malogréis vuestro culto:
si el Señor que está en mi lengua
es Dios, seguilde constantes;   1805
si Baal, dalde obediencia.
Yo he quedado solamente
con vida entre los profetas
que al Dios eterno servían;
ochocientos y cincuenta   1810
son los que al falso Baal
y a los dioses de las selvas
sirven, y da de comer
la impiedad de vuestra Reina.
Yo solo, pues, y ellos tantos,   1815
hagamos todos la prueba
de cuál dios (el mío o el suyo)
es digno de reverencia.
Dennos a todos dos bueyes
y escojan los que blasfeman   1820
de mí, de los dos el uno,
divídanle luego en piezas;
pónganle sobre un altar,
carguen sus aras de leña,
pero no la apliquen lumbre,   1825
que yo de la suerte mesma
pondré el otro, hecho pedazos,
sobre otro altar, sin que tenga
fuego para el sacrificio
hasta que del Cielo venga.   1830
Invoquen ellos sus dioses,
yo invocaré al que me alienta
y aquel que piadoso oyere
lo que sus siervos le ruegan
y el holocausto abrasare,   1835
bajando desde su esfera*
llamas que el altar consuman:

1799-1806:   ¿Para que andáis ......dalde obediencia] *omit* M[1].

ése, Dios llamarse pueda.'
'¡Proposición admirable!'
gritan todos, '¡Así sea!   1840
el reino lo quiere ansí;
quien no lo cumpliere muera.'
Los de Baal levantaron
un altar y en él aprestan
la leña y el sacrificio,   1845
voces dan al cielo tiernas,
y para que más le obliguen
rompen, señora, sus venas;*
pero en vano, porque sordo
Baal su favor les niega,   1850
vencidos. Levanta Elías
(de las aras que por tierra
echaste, por ser del Dios
que Jerusalén respeta)
otro nuevo que edifica   1855
con no más que doce piedras
(en fe de los tribus doce),
y alrededor dejó abierta
una zanja como cava;
pone el buey, pone la leña   1860
y doce cántaros de agua
hace que sobre él se viertan;
luego en el suelo postrado,
la vista en el sol atenta,
presente el Rey y sus tribus,   1865
dijo a Dios de esta manera:
'Dios de Abrahán, Dios de Isaac,
Dios de Jacob, haz hoy muestras
que eres el Dios de Israel
y yo siervo tuyo: sepan   1870
que he cumplido tus mandatos.
¡Oyeme, piedad inmensa!
¡Oyeme, Dios poderoso!
porque Israel se convierta
y diga que Tú, Señor,   1875
eres sólo Dios, y vuelva,
los ídolos despreciando,
reducido a tu obediencia.'

Con lágrimas venerables
esto dijo, cuando apenas   1880
diluvios de fuego bajan
que el sacrificio, la leña
y hasta las piedras consumen,
quedando la zanja seca
de la agua que, derramada,   1885
dio a tal prodigio materia.
'¡Vive el Dios de Elías!' pronuncian
todos. 'Los blasfemos mueran
con Baal, su engañador,
y quien por dios le confiesa!'   1890
Degolló por mano suya*
Elías a tus profetas
sobre el arroyo que llaman
del Cedrón, y luego llega
al Rey y que se recoja   1895
le avisa, porque ya empiezan
inundaciones de nubes
a hacer con los campos treguas;
llovió tanto que no pudo*
hacer que no le cogiera   1900
Acab el agua en el campo;
mojado, señora, llega
a descansar en tu vista.

De dentro con música.

UNOS.   ¡Viva Elías, que remedia
               la esterilidad pasada!   1905
TODOS.   ¡Viva, pues él nos sustenta!
JEZABEL.   Vivirá si yo no vivo.
               ¡Por las deidades excelsas
               que adoro (a pesar del Dios
               de ese rústico profeta),   1910
               que he de lavarme las manos
               en las corrientes sangrientas
               del que mis dioses injuria
               y sus ministros desprecia!
               Yo le beberé la sangre.   1915

Yo pisaré su cabeza.
¡Loca estoy! No viva un hora
quien reinando no se venga.

ACTO TERCERO

Sale ELÍAS *con báculo, cansado.*

ELÍAS.
La vital respiración
me falta, rendido vengo.   1920
Porque tengo
celo a vuestra adoración
¿es razón
que rigores,
de blasfemos pecadores   1925
perseguido,
me den penas por regalos,
triunfando siempre los malos
y siempre el justo afligido?
¿Cómo (omnipotente Dios)   1930
permite vuestro poder
que una mujer
ose competir con Vos?
De los dos,
Vos suprema
Majestad, ella blasfema;   1935
su malicia
persiguiendo a la inocencia,
¿y basta vuestra clemencia
a templar vuestra justicia?   1940
Otra vez en el desierto,
peregrinando horizontes,
por sus montes
muero vivo, y peno muerto.
¡Ay! ¡Qué incierto   1945
es el descanso
del mundo, céfiro manso,
pues me asombra
de una mujer el furor!

1919: *Sale Elías con báculo, cansado*] *Sale Elias con vaculo como cansado* M[2].
1947: del mundo] en el mundo M[2].

Recread Vos mi temor,   9150
y déme este enebro sombra.

Siéntese al pie de un enebro.

¿Vuestra providencia suma
querrá, acaso, el plato hacerme
con volverme
mis maestresalas de pluma?   1955
No presuma
mi hambrienta necesidad
a la crueldad
de Jezabel
dar hoy venganza cruel;   1960
pues profeta
soy vuestro, sepan, protervos,
que aquí me alimentan cuervos
y allá una viuda en Sarepta.
Mas permitidme que os pida   1965
mercedes de más recreo:
yo deseo
salir ya de aquesta vida
perseguida;
me aflige. No soy mejor,   1970
gran Señor,
que mis pasados;
si en las canas y cuidados
los imito,
desear morir con ellos   1975
por gozarlos y por vellos,
no será, mi Dios, delito.
El cansancio y la tristeza
padrinos del sueño son;
mi aflicción   1980
quiere aliviar mi flaqueza,
la cabeza
en este tronco reclino;

1951:   sombra] alfombra M[1].
1952-77:   ¿Vuestra providencia ..... delito.] *omit* M[1].

al fin vino,
si no propia,   1985
la muerte en retrato y copia.
¡Bien llegada!
pues al fin, en sus empeños,
gozaré la muerte en sueños,
que es lo mismo que pintada.   1990

Recuéstase y duerme. Baja un ANGEL *y déjale a la cabecera
un vaso de agua y una tortilla de pan y vuela.*

ANGEL.   Despierta y come.
ELÍAS.   ¿Qué es esto?
                Quimeras mi sueño fragua;
                pero un pan y un vaso de agua
                a mi cabecera han puesto;
                reciente está, entre ceniza*   1995
                parece que se coció,
                el Cielo le sazonó   *(Come)*
                pues sabroso le suaviza;
                comeré una parte dél
                y guardaré lo demás.   2000
                No gusté cosa jamás
                como ésta, amarga es la miel
                con su sabor comparada.   *(Bebe)*
                El agua es néctar divino;
                dichoso fue mi camino,   2005
                venturosa mi jornada:
                restituyóme el aliento.
                Otra vez me ha provocado
                el sueño; dormid cuidado,
                pues nos da el Cielo sustento.   2010

Duérmese y de dentro dice el ANGEL.

ANGEL.   Despierta y come, que tienes*
                mucho camino que andar.
ELÍAS.   Bien puedo con tal manjar,*

2011: *de dentro dice el* ANGEL] *dice el Angel desde adentro* G-L.

ya mis males juzgo bienes.

Despierta, come y bebe.

Vuelvo a comer, su apetito   2015
de nuevo me fortalece;
vuelvo a beber, ya parece,
desmayos, que resucito.
Recobraos, pues, fuerzas mías,
que en virtud de este manjar   2020
bien podremos caminar
cuarenta noches y días.
Al monte Oreb siento yo,*
mi Dios, que me encamináis;
Moisés (cuando ley le dais)   2025
cara a cara en él os vio.
Sinaí y Oreb, todo es uno;
el ánimo al temor venza.
Caminemos, que hoy comienza,
como el de Moisés, mi ayuno.   *(Vase)*   2030

Salen ACAB *y* JEZABEL.

ACAB.   Déjame, esposa, fenecer la vida,
             pues, siendo Rey, cumplir no puedo un gusto.
             Un menosprecio ha sido mi homicida,
             un sentimiento mata al más robusto.
             ¡Que yo a Nabot visite, que le pida   2035
             una mísera viña, y por ser justo
             no se la quite, y que Nabot se atreva
             negársela a su Rey, injuria es nueva!
             No es Rey, ni este blasón gozar merece,
             quien halla resistencia en su apetito.   2040
             ¿Quién duda que Israel no me obedece,
             pues cuando de un vasallo necesito,

2027:   Sinaí y Oreb] Sinay, oreb L.
2030:   *(Vase)*] *omit* M².

rebelde mis deseos desvanece?
De lesa majestad fue su delito;
no la corona ya mis sienes ciña,   2045
pues aun no tengo imperio en una viña.
Reine Nabot, pues ya se me rebela,
quite la vida a Acab, pues me desama;
que pues ninguno mis agravios cela,
más estiman su gusto que mi fama.   2050
No quiero más vivir; nadie se duela
de ver que (en vez del solio) en una cama,
sin comer, mis congojas multiplique,
y a sola una pared las comunique.

JEZABEL. Por cierto que tus penas ocasionas   2055
por pérdidas notables. Razón tienes,
injurias grandes son las que pregonas,
todo el mundo te priva de tus bienes.
¡Oh, qué bien que triunfaras de coronas
enemigas, honrándose en tus sienes,   2060
si aun no como mujer, como una niña,
lloras por el juguete de una viña!
No por eso te mueras; yo me atrevo
a que cumplas en breve con tu antojo.
Come y sosiega, que antes que de Febo   2065
peine la aurora su cabello rojo
en ti tendrá la viña señor nuevo,
Nabot castigo, fin, en fin, tu enojo.
Entrégame el anillo con que sellas
y fía de mi industria tus querellas.   *(Dásele)* 2070

ACAB. No su heredad me altera, su desprecio.
¡Que un hombre...!

JEZABEL.   ¡Basta, basta, no prosigas!
Vete y déjame hacer.

ACAB.   Púsela en precio....

JEZABEL. Vete ya y otra cosa no me digas.

ACAB. Más valor que yo tienes.   *(Vase el* REY*)*

JEZABEL.   Nabot necio: 2075
si mi amor desdeñoso desobligas
y hoy no otorgas tu dicha a mis deseos,*
satisfarán venganzas tus empleos.

2070: *Dásele*] *Dala el anillo* M².

Sale NABOT.

NABOT.	Criselia me ha dado aviso	
	que Vuestra Alteza me llama.*	2080
JEZABEL.	Nabot, si es fuego esa llama,	
	deciros mis llamas quiso.	
NABOT.	No entiendo eso, gran señora.	
JEZABEL.	Siempre fue el encogimiento	
	mendigo de entendimiento.	2085
	Quien las palabras ignora,	
	mal, Nabot, podrá entender	
	el lenguaje de los ojos,*	
	donde sus gustos o enojos	
	a quien los sabe leer	2090
	escribe el alma.	
NABOT.	Remota	
	esa ciencia está de mí.	
JEZABEL.	Créolo, que ya yo os vi	
	en cosas de amar idiota;	
	pero quiéroos yo enseñar	2095
	a que enigmas acertéis	
	para que sabio quedéis,	
	si bien os ha de costar	
	mucho el errar la lición.	
NABOT.	Explíquese Vuestra Alteza.	2100
JEZABEL.	A no ser la rustiqueza*	
	vuestra tanta, en ocasión	
	os puse yo cuando os vi,	
	y vuestra dicha expliqué,	
	que os obligara.	
NABOT.	No sé,	
	señora.	2105
JEZABEL.	Esperadme aquí;	
	que si la presencia real	
	os tiene o necio o turbado,	
	medio la industria me ha dado	
	que os ha de estar bien o mal. *(Vase)*	2110
NABOT.	¿Qué es esto, fortuna mía?	
	¿Qué pretende esta mujer?	

2079: *Sale* NABOT] *omit* M².

¿Pero qué ha de pretender
quien es toda tiranía?
Quien a Dios tiene osadía   2115
de oponerse, quien reprueba
la ley que a los Cielos lleva,
y vive (esperanza en vos),*
atreviéndose a su Dios,
¿qué mucho que al Rey se atreva?   2120
Pues fulmine contra mí
tempestades Jezabel,
que a Dios, al Rey, a Raquel
fidelidad prometí.
Ser traidor, no; morir, sí,   2125
pues cuando a furor se incite
y la cabeza me quite,
si nombre a matronas da*
castas la fama, en mí habrá
un hombre que las imite.   2130

          Sale CRISELIA.

CRISELIA.   La Reina, Nabot, os manda,
                primero que os ausentéis
                de esta sala, que estudiéis
                (pues el favor no os ablanda)
                vuestra dicha o vuestro daño,   2135
                aunque es nueva la doctrina.
                Corred aquesa cortina
                y dad lugar a su engaño.*   *(Vase)*
NABOT.   ¡Jeroglíficos confusos,
                ya os descifra mi temor!   2140
                ¡Enigmas torpes de amor,
                no admito vuestros abusos!
                Dicha o daño me ofrecéis:
                si la dicha ha de costarme
                tan cara, que despeñarme*   2145
                porque la elija queréis,
                (puesto que en mi mal reparo)

2118:   esperanza] esperanzas L.

si acabada de alcanzar
me pesa, no he de comprar
(Cielos) el pesar tan caro.   2150
Dicha que por mano vienes
de Jezabel, toda engaños,
no te admito. ¡Honrosos daños,
vuestros males traen mis bienes!
Daño que al Cielo encamina   2155
no es bien que daño se llame;
dicha que ha de hacerme infame,
no honor. Corro la cortina.

*Corre una cortina y sobre un bufete estarán tres fuentes de
plata y en ellas lo que aquí se va diciendo.*

Tres fuentes sobre una mesa
(en lo que ofrecen contrarias)   2160
muestran con insignias varias
lo que cada cual profesa.
En ésta está una corona
y envuelto en ella un cordel,
plato, en fin, de Jezabel,   2165
que dignidades pregona,
porque en patíbulos paren.
Un rótulo dice ansí:
(Lee). 'La corona es para ti
como miedos se reparen.'   2170
Libre está de estos combates
mi honor, hasta aquí felice.
Este sobre el cordel dice:
(Lee). 'Para que a tu Raquel mates.'
¡Ay Cielos! ¡Ay prenda mía!   2175
Si vive un alma en los dos,
dándoos yo la muerte a vos,
verdugo de mí sería.
Sobre la fuente segunda
una espada y una toca   2180

2159:   *se va diciendo*] se va siguiendo M^2.
2171:   combates] embates M^2.

a confusión me provoca.
¿En qué este enigma se funda?
Dice el mote de esta suerte,
que está en la espada a esta parte:
(Lee). 'Hierro para castigarte   2185
y toca para quererte.'
Fácil se deja entender,
pues muestra desenfrenada
que es Reina y que tiene espada
y en la toca que es mujer;   2190
que si me arrojo a querella
me satisfará amorosa,
pero fiera y rigurosa
si mi desdén la atropella.
¿Hay tal desalumbramiento?   2195
La torpeza ¿qué no hará?
Lleno el tercer plato está
de piedras y de sangriento
licor; la letra me admira
y me causa confusión: 2200
(Lee). 'No son piedras, rayos son:
mi desprecio te las tira.'
¡Ay Cielos! ¿A qué banquete
Jezabel me ha convidado,
que moriré apedreado   2205
si no la amo me promete?
¡Piedras, en vuestra firmeza
quiere aprender mi constancia!
¡Fulmínelas la arrogancia
del poder y la torpeza!   2210
Por mi ley y mi Rey pierda
la vida Nabot, que es fiel;
que pues tira Jezabel
piedras a Dios, no está cuerda.
Espada de su malicia,   2215
dad al Juez Supremo cuenta,
pues, lasciva y torpe, afrenta
la espada de la justicia.

2203:   ¿A qué banquete] que banquete L.
2211:   Por mi ley y mi Rey] Por su ley y su Rey M[1].

Corona, si en su cabello
servistes de insignia real,   2220
bajaos y seréis dogal
con que suspendáis su cuello.
Cordel, servid de escarmiento
a los idólatras, vos,
mientras que a mi Rey y a Dios   2225
confieso, al darme tormento,
(que a la muerte me apercibo)
no a su llama deshonesta;
y para dar la respuesta
la vil corona derribo,   2230

Derríbala y la pisa.

porque su interés desprecio
y como infame la piso.
JEZABEL. *(De dentro)* Llorarás tu poco aviso;
apedrearánte por necio.
NABOT.   Por necio, no, por fiel sí.   2235
No temo tus amenazas;
túmulo eterno me trazas,
éste sólo apetecí.
Laureles logro, leales,*
que inmortalicen mis medras.   2240
¡Labra, tirana, las piedras
y junta los materiales,
que, desdeñando tus vicios
mientras la muerte me dan,
piedras preciosas serán   2245
de inmortales edificios!

Vase y cúbrese la mesa. Salen dos CIUDADANOS *viejos,
leyendo el uno este papel.*

2220:   servistes] servisteis G-L.
2233:   *(De dentro)*] *(Dent Jez.)* M².
2236:   tus amenazas] las amenaças M¹.

(Lee). Los vasallos que sin averiguar secretos de su Príncipe guardan sus órdenes, merecen que en su privanza se prefieran a los demás: Nabot, jezraelita, vecino vuestro, y poderoso en vuestra República, me tiene criminalmente ofendido; buscad, pues, dos testigos que las dádivas cohechen, y éstos afirmen que le oyeron blasfemar de su Dios y de su Rey y, examinados, publicad general ayuno (como en Israel se acostumbra cuando se espera algún castigo riguroso). Llamad luego a Nabot a vuestro tribunal y presentados los testigos, sin admitirle descargos, le condenad por público blasfemo, sacándole al campo, donde muera (como la ley dispone), apedreado, aplicando sus bienes todos a nuestro fisco; que ejecutada (con toda disimulación) esta sentencia, yo me daré por bien servido y vosotros quedaréis premiados. De nuestro Palacio Real de Jezrael.*

Yo el Rey.

CIUDADANO 1°.	Esto el Rey, nuestro señor,	
	manda.	
CIUDADANO 2°.	¿Quién creyera tal?	
CIUDADANO 1°.	No vive más el leal	
	de lo que quiere el traidor.	2250
	De vos y de mí confía	
	la ejecución de este insulto.	
CIUDADANO 2°.	Para Dios no le hay oculto.	
CIUDADANO 1°.	Sacrílega tiranía.	
CIUDADANO 2°.	Nabot es en Jezrael	2255
	(aunque el más rico) el más santo.	
CIUDADANO 1°.	Y aun por saber que lo es tanto	
	le persigue Jezabel.	
	Pero ¿en qué os resolvéis vos?	
CIUDADANO 2°.	Temo a Dios, mas también temo	2260
	a un Rey tirano y blasfemo.	
CIUDADANO 1°.	En dando en temer a Dios	
	será el Rey vuestro homicida,	
	mandando que muerte os den.	
CIUDADANO 2°.	¡Ay Cielos!	
CIUDADANO 1°.	Nabot también	2265
	le teme y pierde la vida;	

2246-82:   aplicando sus bienes todos] aplicando sus bienes M².
2250:   de lo que] que lo que M².

dad en vuestros riesgos corte.

CIUDADANO 2°. ¿Y habrá para estos sucesos
          testigos falsos?

CIUDADANO 1°.   ¿Pues ésos
          pueden faltar en la Corte?   2270
          Dos pide el Rey y otros dos
          tengo, que lo son a prueba.

CIUDADANO 2°. Fuerza ha de ser que me atreva,
          primero que al Rey, a Dios.
          Tirano uno, otro clemente.   2275

CIUDADANO 1°. Busquemos otro testigo,*
          que habiendo tres yo me obligo
          a hacer el caso evidente.

CIUDADANO 2°. ¡Con qué de temores lucho!
          ¡O Rey impío! ¡O vil mujer!   2280

CIUDADANO 1°. O morir, o obedecer
          porque un 'yo el Rey' puede mucho.   *(Vanse)*

Sale RAQUEL *congojada.*

RAQUEL.   No sosiego, no reposo,
          no hay descanso para mí.
          ¿Qué tengo? ¿Son celos? Sí;   2285
          pero no, más riguroso
          es mi mal. ¡Ay, caro esposo!
          ¡Y qué caro
          me has de costar si reparo
          en un sueño*   2290
          que de mis potencias dueño,
          tragedias representaba,
          cuando en sangre te bañaba
          una serpiente,
          que venenosa, inclemente,   2295
          en tus carnes se cebaba!
          Mas quien a sueños da fe
          provoca a enojo a los Cielos.
          Dormíme llena de celos,

2297-2310:   Mas quien a sueños ..... ¡ay, triste!] *omit* M[1].

sierpes en ellos soñé.   2300
Jezabel el áspid fue
que, lasciva,
mientras de lealtad te priva,
Circe nueva,*
en tus entrañas se ceba,   2305
pues tu posesión la diste;
pero mal acierto hiciste,
pensamiento,
que Nabot la ama contento
y yo le vi muerto ¡ay, triste!   2310
Sentar me quiero por ver
si sosiego de este modo.   *(Asiéntase)*
¡Todo penas! ¡Ansias todo!
¡Todo llorar y temer!
Más es esto que querer,   2315
más pesar
es esto que sospechar.
¡Ay desvelos!
¡Ojalá, Nabot, sean celos!
que a trueco que no recibas   2320
penas (que han soñado vivas
mis quimeras),
yo sufriré que otra quieras
en albricias de que vivas.*
Menos quietud asentada   2325
tengo.   *(Levántase y paséase)*
　　　¡Ay quinta! Quiera Dios
que no me venga por vos
más mal que no ser amada.
Ya vuestra vista me enfada;
más temores   2330
tengo yo que tenéis flores.
Penas veo
seguirme si me paseo,
penas si me asiento apenas*
entre rosas y azucenas.   2335
¿Qué he de hacer?
Infierno debo de ser,

2334:　penas si me asiento apenas] penas si me asiento penas M[1].

pues no hay en mí sino penas.

(Dicen de dentro)

CIUDADANO 1°.	A Nabot han condenado
	y le llevan a apedrear.
RAQUEL.	¿Qué escucho? ¡Ay, Cielo! ¡Ay, pesar!
	¡Ay, desdichas! ¡Ay, cuidado!
CIUDADANO 2°.	Pues ¿por qué le han sentenciado?
CIUDADANO 1°.	Por blasfemo.
RAQUEL.	¿Por qué vivo? ¿Por qué temo
	el ir a morir con él?
CIUDADANO 2°.	Justo y fiel
	fue a Dios y al Rey.
CIUDADANO 1°.	Y aun por eso.
RAQUEL.	¡Qué bien dijo: ya es exceso
	ser leal!
	Perderé con muerte igual
	la vida, pues perdí el seso. *(Vase)*

2340

2345

2350

A la ventana de una torre JEZABEL *y* ACAB.

JEZABEL.	Goza ya la posesión,
	Rey, que tanto has deseado.
	Vuelve en ti, si desmayado
	te tuvo su privación.
	Ya murió Nabot; no impida
	tu gusto esa pena ingrata;
	comprado la has bien barata,
	pues sólo cuesta una vida.
ACAB.	¡Ay, esposa de mis ojos!
	¿Es posible que murió
	quien mi agravio ocasionó?
JEZABEL.	Ansí vengues mis enojos

2355

2360

2348:   fue a Dios y al Rey] fue al Rey y a Dios M[1].
2352:   *(Vase)*] omit M[2].
2357-60:   Ya murió Nabot ..... cuesta una vida.] *omit* M[1].
2364:   vengues] vengue M[1].

	como yo los tuyos vengo.	2365
	Por blasfemo apedreado	
	y en su sangre revolcado,	
	tu satisfacción prevengo.	
	Mira bañadas las piedras	
	desde aquí en su sangre vil.	2370
ACAB.	¡Qué pecho tan varonil	
	te dio el cielo! Cuantas medras	
	me vienen son, cara esposa,	
	por tu causa.	
JEZABEL.	Ve a tomar	
	posesión a su pesar	2375
	de su viña deleitosa.	
	Recréate en su vergel,	
	que cuando imposibles pidas,	
	ya sabe, a costa de vidas,*	
	comprar vidas Jezabel. *(Vanse)*	2380

Sale RAQUEL, *sueltos los cabellos y enlutada, y deteniéndola*
ABDÍAS *y* JOSEPHO.

RAQUEL.	¡Dejadme, idólatras torpes!	
	¡Soltadme, aleves vecinos	
	de la más impía ciudad	
	que a bárbaros dio edificios!	
	¡Sacrílegos envidiosos,	2385
	de un Rey tirano ministros,	
	de una blasfema vasallos,	
	de una falsedad testigos,	
	de un Abel Caínes fieros,	
	de un cordero lobos impíos,	2390
	de un justo perseguidores,	
	·de un inocente enemigos!	
	¡Soltadme, o haréos pedazos!	
	Ojos tengo basiliscos,*	

2365-68:   Como yo ..... prevengo.] *omit* M[1].
2376:   deleitosa.] deleitosa. *(Vanse)* M[1].
2377-80:   Recréate ..... Jezabel. *(Vanse.)*] *omit* M[1].
2385-92:   ¡Sacrílegos ..... enemigos!] *omit* M[1].
2394-97:   Ojos tengo ..... abrasaréos!] *omit* M[1].

	víbora soy ponzoñosa,	2395
	veneno son mis suspiros.	
	¡Soltadme, o abrasaréos! *(Suéltase)*	
ABDÍAS.	¡Qué lástima!	
JOSEPHO.	Compasivo,	
	lloro suspenso.	
ABDÍAS.	Sosiega,	
	señora, que son indignos	2400
	de tu honor esos extremos.	
RAQUEL.	¿Qué honor? Si lo fuera el mío	
	¿no me le hubiera quitado	
	ese Rey torpe y lascivo,	
	esa Reina hambrienta de honras?	2405
	Con ellos no hay honor limpio.	
	¿Qué fama no han asolado?	
	¿Qué opinión no han destruído?	
	¿Qué castidad no profanan?	
	Honor aquí, ya es delito;	2410
	virtud aquí, ya es infamia,	
	vergüenza aquí, ya es castigo.	
ABDÍAS.	Si al pie del alcázar real	
	das en estos campos gritos,	
	provocarás a los Reyes,	2415
	pues es forzoso el oírlos.	
RAQUEL.	¿Pues qué es lo que yo pretendo?	

(A voces). ¡Acab sangriento, vil hijo
de Amrí, que a su Rey traidor*
le forzó a abrasarse vivo!   2420
¡Adúltera Jezabel,
que al demonio sacrificios
ofreces, para que en ellos
licencia des a tus vicios!
La esposa soy de Nabot,   2425
el que porque nunca quiso
consentir en tus torpezas
es de tu crueldad prodigio.
Mandad con él darme muerte,

2402:   si lo fuera el mío] si lo fuera mio M².
2405:   esa Reina hambrienta de honras?] tengo agrabios tengo celos. M¹.
2407-12: ¿Qué fama ..... es castigo.] *omit* M¹.
2420:   a] *omit* M¹.

acompañe un rigor mismo   2430
dos almas, que en tiernos lazos
reciprocó un amor limpio.
¿Por qué, decid, le matastes,
cohechando falsos testigos?
Pues, cuando blasfemo fuera   2435
(como afirman fementidos),
imitador de sus Reyes,
mereciera por seguiros
la sacrílega privanza
de vuestros favorecidos.   2440
¿Qué más blasfemias, tiranos,
que las que habéis los dos dicho
a Dios? y no os apedrean,
siendo común el delito.
Díganlo tantos profetas   2445
consagrados al martirio
por vosotros, cuya sangre
está dando al Cielo gritos.
Dígalo el gran Celador*
de nuestra ley, perseguido   2450
de vuestra impiedad tirana,
por sierras, montes y riscos.
Díganlo tantos altares
arruinados, destruídos
por vosotros, que erigieron   2455
a Dios los padres antiguos.
¡Blasfemos, en fin, reinando
vosotros y el dueño mío
muerto! ¿En vasallos y Reyes
serán acaso distintos   2460
los insultos generales,
siendo en sustancia los mismos?
¿Por qué si afectáis rigores,
no os ofende lo que os digo?
Por qué no hacéis apedrearme?   2465
Cantos hay en este sitio
que en la sangre de mi esposo

2445-52:   Díganlo ..... riscos] *omit* M[1].
2453:   Díganlo] diganlos M[1].
2463-74:   [Por qué ..... han sido] *omit* M[1].

se han bañado. Si os irrito,
mandad que mezclen con ella
la que a Nabot sacrifico.   2470
Báñense unas mismas piedras
en la esposa y el marido;
serán tálamo de sangre
las que su túmulo han sido.
Pero ¿para qué doy voces,   2475
pues tan crueles os miro
que, por más atormentarme,
negáis la muerte que os pido?
¡Ansias! ¡mostradme el teatro
de mis tragedias!

ABDÍAS.   Dos ríos   2480
son, de lágrimas, mis ojos.

JOSEPHO.   En sentimientos la imito.   *(Vanse)*

Descúbrese tendido en el suelo NABOT, *muerto, en camisa y*
calzones de lienzo; él y el vestido manchado de sangre, entre
un montón de piedras también ensangrentadas.

RAQUEL.   ¡Ay, dueño de mi esperanza,
regalo de mis sentidos,
consuelo de mis congojas,   2485
de mis tormentos alivio!
Celosa lloraba yo
engaños y desatinos.
¡Qué caras satisfacciones
a costa de entrambos miro!   2490
¡Mi Abel, mi justo, mi santo!
¡Pisad climas más benignos,
pues colocado entre estrellas,
mártir os honra el Olimpo!
Altar de piedra, estas piedras,*   2495
rubíes y granates finos,

2472:   en] con M².
2478:   negáis la muerte que os pido] todos cerrais los oidos M¹.
2482:   *(Vanse)*] M²; *omit* P-M¹-G-L-C-R.
2483:   *también*] *omit* G-L.
2493-94:   pues colocado ..... Olimpo!] *omit* M¹.

al simulacro del cuerpo
holocaustos os dedico.
Más valen que los diamantes,
crisólitos y jacintos;   2500
diadema os labran mejores
que esmeraldas y zafiros.
Por reliquias las venero,
por sagradas las estimo;
las beso por sangre vuestra,   *(Bésalas)*   2505
por mis joyas las recibo.
¡Plegue a Dios, tigres de Hircania,*
Acab, del Cielo maldito,
idólatra Jezabel,
oprobrio en Samaria y Tiro,   2510
que no quede de vosotros
memoria al futuro siglo,
vasallo que no os desprecie,
rigor que no os dé castigo!
¡Quíteos la vida y el reino*   2515
el más confidente amigo,
destruyendo en vuestra sangre
desde el decrépito al niño!
Si el Rey marchare a la guerra,
flecha de acero prolijo   2520
le atraviese las entrañas,
de tanta blasfemia asido.
Si Jezabel enviudare,
despedácenla a sus hijos,
sin permitirla llorarlos,   2525
quien blasonaba servirlos.
Ese alcázar desde donde
morir mi inocente ha visto
(cuando más entronizada)
la sirva de precipicio.   2530
Desde el más alto homenaje
mida el aire, hasta este sitio,

2499-502:   Más valen ..... zafiros] *omit* M¹.
2503:   venero] estimo M¹.
2517-18:   destruyendo ...al niño.] *omit* M¹.
2524-30:   despedácenla ..... precipicio.] *omit* M¹.
2528:   ha visto] has visto M².

y antes que le ocupe, muera,
oprobrio a grandes y a chicos.
Lebreles la despedacen,   2535
arrastrándola los mismos,
cuarto a cuarto por los campos,
miembro a miembro por los riscos.
No dejen reliquias de ella
de carne, hueso o vestidos,   2540
sino la cabeza sola,
para acuerdo de delitos.
¡Cielos píos!*
¡Justicia en tanto mal, justicia pido!
¡Vengad, piadosos Cielos,   2545
mi esposo, mis agravios y los vuestros!

      Sale ABDÍAS.

ABDÍAS.   Enjugad, señora, el llanto,
que si es la venganza alivio
con que descansan ofensas,
por mandado de Dios vino   2550
el profeta del Carmelo
y de su parte le dijo
(cuando iba el Rey a tomar
la posesión presumido
de la viña de Nabot)   2555
que con los mesmos castigos
morirán él y la Reina,
que al Cielo le habéis pedido.
Llevad a enterrar el cuerpo.
Será, muerto, ejemplo vivo   2560
del mal que a los reinos viene
por una mujer regidos.*

         (Vanse y encúbrese el cuerpo)

2537:   cuarto a cuarto] quatro a quatro L.
2447:   *Sale Abdías*] *omit* M¹-M²-C-R.
2550-57:   por mandado ..... Reina] *omit* M¹.
2563:   *Vanse* ....CORIOLIN.] *Vanse cubrese el cuerpo y salen ...y Coriolin a lo soldado gracioso.* M².   LISARINA] Lisarisa P.

Salen ZABULÓN y DORBÁN y LISARINA, *pastores, y a lo soldado gracioso,* CORIOLÍN.

CORIOLÍN.	¿Cuidáis vosotros que es barro* ser sueldado?	
ZABULÓN.	¿Que el lugar dejas solo, y sin llorar?	2565
CORIOLÍN.	Tengo el alma de guijarro. ¿La sierra no me quintó?* ¿No vo por ella a la guerra?* Pues llore por mí la sierra, que no pienso llorar yo; aqueste oficio me cuadra.	2570
LISARINA.	¿No mos verás más de vero?	
CORIOLÍN.	No, hasta ser Emperadero o si no, cabo de escuadra.*	
LISARINA.	¿Cabo de qué?	
DORBÁN.	De cochillo.	2575
CORIOLÍN.	Eso mesmo pescudó* una vieja, que alojó en casa a un medio caudillo. Estaba una compañía en la su aldea hendo gente (y aun hurtos) y ella inocente de manera le servía, que decentó una tinaja de un tinto, que con pies rojos diz que saltaba a los ojos. Era tahur de ventaja* en esto de alzar de codo el tal cabo, su alojado; y del tinto enamorado, le requebraba de modo que en el alma le metía, pero porque no se hallaba bebiendo solo, brindaba a toda la compañía. Llevábalos a su casa dos a dos y tres a tres;	2580 2585 2590 2595

2575:   De cochillo] de cochillo no M[1].

estuvioren allí un mes,
andaba el brindis sin tasa.
Sospiraba cada instante
la vieja el daño presente,   2600
viendo la sed en creciente
y la tinaja en menguante.
Mas ¿qué mucho que el sentido
perdiese, si aquel licor
suplía con su calor   2605
las faltas de su marido?
Huese el huésped importuno,
tocando a marchar la caja,
que el espirar la tinaja
y ellos irse, hue todo uno.   2610
"¡Vaya con la maldición!"
la viuda pobre decía.
'¡Guai de vos, tinaja mía,
agotada hasta el hondón!
Sin vos ¿qué ha de ser de mí?   2615
¿Quién habrá que me mantenga?
¡Que mala pascua le venga
a quien vos ha puesto así!'
'Tratad al soldado bien,'
(dijo uno muy presumido)   2620
'que el huésped que habéis tenido
es cabo de escuadra.' '¿Quién?'
'Quien sirve al Rey y trabaja
y es cabo de escuadra.' 'Igual',
respondió, 'dirá ese tal   2625
que es cabo de mi tinaja.'
Y porque no es para más,
adiós, que me vo a romper.

LISARINA.   Pues, ven acá. ¿Sabrás ser
    suelgado tú?

CORIOLÍN.   Buena estás;   2630
    yo sé tocar las baquetas*
    comerme un horno de bollos,

2597: estuvioren] estuvieron L.
2619: soldado] sueldado M².
2629-30: Pues, ven aca. ¿Sabrás ser/ suelgado tu?/ Buena estas;] Pues tu oi no sabras
    ser/ suelgado./ Que buena estas M¹.

hurtar gallinas y pollos,
vender un par de boletas,
echar catorce reniegos,   2635
arrojar treinta '¡por vidas!'
acoger hembras perdidas,
sacar barato en los juegos;
y en batallas y rebatos,
cuando se toman conmigo,   2640
sé enseñarle al enemigo
las suelas de mis zapatos.

ZABULÓN.   Eso es ser gallina, en suma.

CORIOLÍN.   Decís, Zabulón, lo vero.
¿Por qué pensáis que el sombrero   2645
llena el suelgado de pruma
si, porque huyendo despés
que la batalla se empieza,
volando con la cabeza
corre mijor con los pies?   2650
Esta es de gallo, y trabajo
por darla aquí, en somo estima,
que como el gallo va encima
y la gallina debaxo,
soy gallina en esta empresa,   2655
que sabré cacarear
porque al comer y al cenar
haya gallina en mi mesa.

LISARINA.   Dios te vuelva a nuestros ojos.

LOS DOS.   ¡Coriolín, adiós!

CORIOLÍN.   Adiós.   2660

LISARINA.   Acordaos de mí.

CORIOLÍN.   ¿De vos?
Dejadme agarrar despojos,
que yo os llenaré el corral
de las gallinas que hurtare,
y si en la guerra finare....   *(Llora)*   2665

LISARINA.   ¿Lloras?

CORIOLÍN.   Y cuemo en señal

2641: le] *omit* G-L.
2646: suelgado] solgado M^1.   pruma] pluma M^1-M^2.
2647: si, porque] es porque M^1.
2650: corre] corren M^2.

	de que mi alma se condena;	
	antes del amanecer	
	prometo de iros a ver	
	en fegura de alma en pena.	2670
LISARINA.	No, Coriolín, eso no;	
	yo os perdona la vesita.	
CORIOLÍN.	Quiéroos yo, que sois bonita;	
	de allá os pienso llevar yo	
	dos diablitos como un oro,*	2675
	que vos barran, que vos rieguen,	
	que vos guisen, que vos frieguen.	
LISARINA.	¡Tirte ahuera!*	
CORIOLÍN.	¡Ay, cómo lloro!	
	¿Pensáis que la guerra es paja?	
	Embracijadme, y adiós.	2680
LISARINA.	¿Qué os me vais el zagal, vos?	
CORIOLÍN.	A ser cabo de tinaja. *(Vanse)*	

Salen dos SOLDADOS *tras un* PROFETA *que huye. Sale también*
JEHÚ *con bastón.*

SOLDADO 1°.	¡Corred tras él, tenelde, que pues huye,	
	algún delito ha hecho.	
SOLDADO 2°.	Al viento excede.	
SOLDADO 1°.	¡Que nunca aquesta seta el Rey destruye!	2685
	¿Cuándo podré yo ver que el Reino quede	
	libre de estos hipócritas taimados	
	que el mal nos profetizan que sucede?	
	Traelde preso.	
JEHÚ.	Sosegad, soldados;	
	dejalde, que es de Dios justo profeta	2690
	y fiel ejecutor de sus mandados.	
SOLDADO 2°.	Si tú acreditas esta mala seta,	
	príncipe del ejército y segundo*	
	después del Rey ¿qué mucho se prometa	
	engañar, no a Israel, a todo el mundo?	2695

2682:   A ser cabo de tinaja] Vo a ser cabo de tinaja M².
2685:   destruye] destruya P-M¹-G-L.
2692-718:   Si tú acreditas ...aquí adelante] *omit* M¹.

JEHÚ. No blasfeméis de Dios, que me provoco
    a enojo, cuando en El mis dichas fundo.
    Acab murió como lascivo y loco*
    en la batalla cuando pretendía
    presidiar a Ramot (castigo poco   2700
    a su bárbara y ciega idolatría);
    una flecha desmanda el Cielo airado,
    que le pasó el pulmón ¡dichoso día!
    los perros en su sangre se han cebado:
    venganza es de Nabot. Reinó su hijo,   2705
    Ocozías, como él desatinado;
    murió (como el profeta lo predijo)
    precipitado de unos corredores
    después de la pensión de un mal prolijo.
    En carroza de eternos resplandores   2710
    arrebató una nube al del Carmelo,
    Elías, luz de santos celadores.
    Reina Jorán agora, cuyo celo
    idólatra, a su padre semejante
    y hermano de su vicio, es paralelo.   2715
    Dios intenta asolar este arrogante.
    A Dios por justo y por Señor invoco:
    Nadie blasfeme de El de aquí adelante.

SOLDADO 1°. ¿Qué te quería a solas este loco?

JEHÚ. ¿Conocístele acaso? ¿Habéis sabido 2720
    lo que me dijo?

SOLDADO 1°.   Importaráte poco.

SOLDADO 2°. Mentiras serán suyas. Mas ¿qué ha habido?
    Cuéntanoslo.

JEHÚ.   Llamándome en secreto,*
    cerró la puerta.

SOLDADO 1°.   ¡Qué desvanecido!

JEHÚ. Y llegándose a mí con real respeto, 2725
    una ampolla derrama en mi cabeza
    de óleo sacro (milagroso efeto).
    "Eso dice el Señor de eterna alteza,
    Dios de Israel", prosigue: "'Yo te elijo
    por Rey del pueblo mío y su grandeza; 2730
    severo destruirás (como predijo

2696: No blasfeméis de Dios] no blasfemeis ell es Dios M².

el Tesbites) de Acab la torpe casa
(aunque fue tu señor y lo es su hijo).
Yo vengaré por ti (pues que te abrasa
mi celo y ley) la sangre que vertida   2735
de mis profetas hasta el Cielo pasa;
la de mis siervos todos, cuya vida,
a manos de la impía y deshonesta
Jezabel, fue de tantos perseguida.
Por ti he de hacer venganza manifiesta   2740
de cuantos propagó la sangre suya
(si primero triunfante, ya funesta);
no ha de dejar en pie la espada tuya
persona de su ingrata descendencia:
toda perezca, toda se destruya,   2745
desde la senectud a la inocencia,
desde el más retirado y recogido
hasta el que en vicios tiene más licencia:
su nombre quedará en perpetuo olvido,
como el de Jeroboán y Basa, fieros,   2750
cuya familia toda ha destruído.
Jezabel (de profetas verdaderos
verdugo), por los campos arrastrada
de Jezrael, castigos más severos
ha de pasar por tu furiosa espada;   2755
perros su cuerpo comerán, hambrientos,
en nombre de Nabot despedazada.
Cuantos la vieren estarán contentos,
mofando de su idólatra locura
y en gustos convirtiendo sus lamentos.   2760
Ninguno osará darla sepultura:
las entrañas de torpes animales
el tálamo serán de su locura.
Goza, Jehú, de las insignias Reales.'''
Dijo y huyó. Soldados, pues, valientes,   2765
ved si a Jorán o a Dios sois hoy leales.
Cerco en persona puso con sus gentes*
a esta ciudad; Ramot es su apellido,
sus muros escalamos eminentes.

2733:   fue] *omit* L.
2737-63:   la de mis siervos ..... de tu locura] *omit* M[1].
2755:   ha] han P-M[2]-G-L.

	Retiróse a Samaria el Rey herido,	2770
	dejóme en su lugar mientras que sana.	
	Dios de Israel me llama Rey ungido:	
	juzgad si esta esperanza saldrá vana,	
	o si es razón que el cetro Real reciba	
	contra Jorán y Jezabel tirana.	2775

Salen los que pudieren.

SOLDADO 1°.	¡Viva Jehú, soldados!	
SOLDADO 2°.	¡Jehú viva!	
SOLDADO 1°.	Trono le hagamos todos de la ropa:*	
	desnúdome también de medio arriba.	

Hácenle trono de sus ropas y con música le besan la mano.

JEHÚ.	Pues Dios me elije, el viento llevo en popa.*	
SOLDADO 2°.	Las manos, por su Príncipe, te besa	2780
	el Asia y Palestina. ¡Tiemble Europa!	
SOLDADO 1°.	Deja, Rey, a Ramot, deja su empresa;	
	el cuello de Jorán tu planta pise.	
	Parte a Samaria, marcha, date priesa.	
JEHÚ.	Ese consejo proponeros quise:	2785
	marche a Samaria el campo.	
TODOS.	Marche el campo.	
JEHÚ.	Ninguno salga de él, porque no avise	
	al mísero Jorán.	

Sale CORIOLÍN.

CORIOLÍN.	Con él me zampo,	
	¡que de esta vez soy cabo de tinajas!	
JEHÚ.	¡Yo os vengaré, mi Dios! Marchen las cajas.	2790
	(Vanse)	

Sale JEZABEL *de viuda bizarra y* CRISELIA.

JEZABEL.	Ya Jorán se ha levantado.
CRISELIA.	Peligrosa fue la herida,
	pero pues queda con vida
	y tu Alteza sin cuidado,
	albricias, señora, han dado

2795

	Reinas en tal ocasión.
JEZABEL.	Pídelas, pues.
CRISELIA.	De prisión
	a la viuda Raquel saca,
	que una buena nueva aplaca
	la más fiera indignación.

2800

JEZABEL.	¿Qué dices, bárbara?
CRISELIA.	Advierte...
JEZABEL.	No prosigas, que estás necia;
	quien a sus Reyes desprecia
	poco en su peligro advierte:
	apresurarás su muerte

2805

	si eso vuelves a pedir.
CRISELIA.	¿Qué más muerte que vivir
	sin dueño que tanto ha amado?
JEZABEL.	Por eso no se la he dado.
	Pene y viva, que es morir.

2810

	Albricias de poco fruto
	intentas, necia estás hoy.
	Cansada, Criselia, estoy
	de tanta viudez y luto.
	Tres años pagó tributo*

2815

	al llanto la pena mía;
	de sí mesma ser podría
	verdugo quien mucho llora.
	Festejemos (pues mejora
	mi hijo) su mejoría.

2820

	Vuelvan a hacer mis cabellos*
	con los del sol competencia;
	que yo sé que en mi presencia
	su luz se corrió de vellos.
	Riguridad es tenellos

2825

	en prisión mientras que lloro;
	estas tocas sin decoro

son cárcel que los maltrata;
no es bien que linos de plata
escondan madejas de oro.   2830
Acerca ese tocador.

                    (Asiéntase a tocar en él)

Ponme sobre él ese espejo;
con su cristal me aconsejo,
que es sumiller del amor.
Ve, y el vestido mejor   2835
me saca, mientras divido
los cabellos que he ofendido
y el Asia toda celebra;   *(Destócase)*
ensartaré en cada hebra
perlas que al Oriente pido.   2840
Golfos de luz surcará
el marfil de aqueste peine,
porque en campos de oro reine
mientras sobre ellos está.

CRISELIA.   El de verdemar será   2845
                mejor, que adorna y alienta.

JEZABEL.   Verdemar no me contenta,*
                que esperanza puesta en mar,
                o se tiene de anegar,
                o ha de padecer tormenta.   2850
                Ya sabes que soy cruel:
                el pajizo y encarnado
                me pondré.

CRISELIA.   Desesperado
                y sangriento.

JEZABEL.   Llore en él
                su amor difunto, Raquel.   2855

CRISELIA.   ¡Qué locura!

JEZABEL.   No hay mudanza
                en su pena y mi venganza.

CRISELIA.   Voy.

                (Ap.) (¡Qué bárbara! ¡Qué fiera!)

                                    (Vase Criselia)

JEZABEL.   Si verdemar me vistiera,
                ya fuera darla esperanza.   2860

2858:   *(Ap.)*] *omit* M².

Tengamos, espejo, aviso,
no demos segundo ejemplo,
mientras en vos me contemplo,
a locuras de Narciso.*
Murió, porque no me quiso,   2865
Nabot: justa fue mi queja;
deje la vida quien deja
de adorar ventura tanta.
Alguno allá dentro canta
que adulador me festeja.   2870

Cante de dentro una mujer.

VOZ DE MUJER. *(Canta). En la prisión de unos hierros* *
lloraba la tortolilla
los mal logrados amores
de su muerta compañía.

Peinándose Jezabel.

Mal hubiera la crueldad *   2875
de la águila, cuya envidia
dividió (si no dos almas)
los arrullos de dos vidas.
JEZABEL.   Parece que de Nabot
y Raquel la historia misma,   2880
quien dellos se compadece,
me canta y alegoriza.
Los dos las tórtolas fueron,
yo el águila vengativa,
que celosa de su amor,   2885
su tálamo tiraniza.
'En la prisión de unos hierros
lloraba la tortolilla',
¿cuando a Raquel tengo presa?
mi crueldad metaforizan.   2890
¡Basta! que ya en versos anda

2887:   hierros] zelos M².

su tragedia, pero digna
es que escarmientos la canten
si traidores la lastiman.
Tiémbleme el mundo: eso quiero;   2895
venganzas me regocijan,
riguridades me alegran,
severidades me animan.   *(Tocándose)*

VOZ DE MUJER. *(Canta). Reciprocando requiebros*
en el nido de una viña,   2900
fertilidad le promete
de amor su cosecha opima.
Nunca nacieran los celos
que amores esterilizan,
corazones desenlazan,   2905
y esperanzas descaminan.

JEZABEL.   ¿Qué hay que hablar? Su historia canta:
amores, celos y viña;
en su favor me condenan
y en mi crueldad se averiguan.   2910
Pero si le amé en secreto
¿cómo mis celos publican
versos que mi fama ofenden,
canción que la satiriza?
Raquel los habrá contado.   2915
Raquel llorará este día
desatinos de su lengua,
efetos de sus desdichas.

VOZ DE MUJER. *(Canta). Perdió la tórtola amante,*
a manos de la malicia,   2920
epitalamios consortes.
¡Ay de quien los desperdicia!
Como era el águila Reina,
(mejor la llamará harpía)
cuando ejecute crueldades   2925
¿quién osará resistirla?

JEZABEL.   Ya pasa de desacato
el que escucho; su osadía
mi agravio y furia provoca,

2892:   digna] indigna L.
2895:   eso quiero] eso yo quiero M¹.
2913:   ofenden] ofende M².

| | llamas añade a mis iras. *(Levántase)* | 2930 |

llamas añade a mis iras.	*(Levántase)*	2930
¡Hola! ¿Quién es la que canta
allá dentro? ¿Quién me indigna
sin recelar mis rigores,
sin respetar mi justicia?
Mas mi autoridad ofendo,	2935
dándome por entendida.
¿Quién pudo enfrenar las lenguas
del vulgo, ni reprimirlas? *(Vuélvese a asentar)*
Canten, llámenme cruel;
que podrá ser que algún día	2940
las viles cabezas corte,
por más que son de esta hidra.

VOZ DE MUJER. *(Canta). ¿Qué importan las amenazas*
del águila ejecutiva,
si ya el león coronado	2945
venganzas contra ella intima?
Humillará su soberbia,
caerá el águila atrevida,
siendo presa a los voraces
lebreles que la dividan.	2950

JEZABEL.	¿Qué león, cielos, es este
que sangriento me derriba?	*(Levántase tocada)*
¿Yo, presa de brutos fieros?
¿Yo, en pedazos dividida?
¡Hola, vasallos, Criselia!	2955
¡Ay, cielos!

Sale CRISELIA.

CRISELIA.		¡Señora mía!
¿Qué sientes? ¿Por qué das voces?
La color tienes perdida.

JEZABEL.	Y con ella la paciencia.	*(Mírase al espejo)*
¡Muerta soy! Aparta, quita*	2960
ese espejo que me enseña
a Nabot, lleno de heridas;
un hombre armado amenaza

2956:	*Sale* CRISELIA] M^2; *Omit* P-M^1-G-L.

con la desnuda cuchilla
mi trágico fin.

CRISELIA.   ¿Qué es esto?   2965

JEZABEL.   Su corte en mi cuello afila.
¿No lo ves?

CRISELIA.   No, gran señora.
Vuelve en ti.

Toquen cajas.

JEZABEL.   No desatina
mi temor. Pero...¿qué es esto?
(Dentro) ¡Viva Jehú!

TODOS.   ¡Reine y viva!   2970

Sale ABDÍAS.

ABDÍAS.   Huye castigos, señora,
del Cielo, que pronostican
trágico fin a tu casa.
(Mas del Cielo ¿quién se libra?)
Jehú se te ha rebelado,   2975
de Samaria está a la vista;
Jorán le salió al encuentro,*
Jehú una flecha le tira
que el corazón le traspasa,
y vitorioso encamina   2980
el ejército y deseos
a esta ciudad.

JEZABEL.   ¡Ea, desdichas,
acabad conmigo todas!
Pero la industria me avisa
remedios con que dilate,   2985
si no venturas, la vida.
Fïada de mi belleza,*
haré al engaño que finja
amor a Jehú tirano.
Pondréme a un balcón festiva;   2990
mostraré que estoy gozosa

que, de Jorán homicida,
su diadema le corone
y el solio le dé su silla.
Prometeréle mi esposo,*   2995
y si la belleza hechiza
¿quién dirá que ha de escaparse?
¿quién dudará que me admita?
Dame, Criselia, esas joyas;
galas el cuerpo se vista   3000
y el alma lutos secretos,
pues son sustancias distintas.   *(Vase)*

ABDÍAS.   No sé yo que tus crueldades
se prometan tantas dichas,
que es vengador de inocentes   3005
Jehú.

CRISELIA.   ¡Ay, mujer perdida!   *(Vanse)*

Salen SOLDADOS *marchando, entre ellos* CORIOLÍN *y* JEHÚ,
*con bastón, detrás; y al mismo tiempo del vestuario, con
música, los más que pudieren y* ABDÍAS; *detrás de todos*
RAQUEL, *acompañada de* CRISELIA, *de viuda, y sobre un
balcón* JEZABEL, *muy bizarra.* JEHÚ *y los suyos suben al
tablado por un palenque;* RAQUEL, *que le recibe con los
demás, saca una corona de oro sobre una fuente de plata;
tócanse chirimías, cajas y clarines.*

RAQUEL.   En nombre de Jezrael,
ciudad tuya, patria mía,
que por consolar mis penas
generosa me autoriza,   3010
te ofrece ¡o gran vengador
de la Majestad divina,
por Acab menospreciada,
por Jezabel ofendida!
diadema que en paz poseas;   3015
agora tus sienes ciña

3007:   *los más que pudieren*] los mas que pudieren con musica M².
3016:   ciña] ciñas M².

y después por todo el orbe
los círculos del sol siga.   *(Corónale)*
Púrpura adorna a los Reyes,
púrpura, señor, te vista   3020
de sangre idólatra aleve,
que altares sagrados pisa.
Venga inocentes, Monarca,
profetas, huérfanos, viudas,
mozos que estraga el engaño,   3025
viejos que el temor lastima.
Teatro este sitio fue
de la impiedad más lasciva,
la más bárbara tragedia,
la crueldad más inaudita   3030
que el tiempo escribió en anales,
que puso horror a provincias,
que verdades afirmaron,
que fabularon mentiras.
Aquí mi Nabot fue muerto;   3035
Nabot, cuya fama limpia
coronaba su inocencia,
celebraba su justicia.
Falsos testigos cohechó
contra él el oro y la envidia,   3040
el poder y la soberbia,
la ambición y la malicia.
Una viña le dio muerte,
que quien reinos tiraniza,
sangre vende de leales   3045
por el precio de una viña.
Testigos de su inocencia
pueden ser (no lenguas vivas,
que éstas tal vez se apasionan)
las piedras sí, fidedignas.   3050
Haz información con éstas,
la sangre en que se matizan
presento en tu tribunal,
testigos fueron de vista.   *(De rodillas)*
¡Venganza, Rey poderoso   3055

3026:   temor] amor G-L.

	antes que estas piedras mismas,	
	si agora testigos claman,	
	jueces después, te persigan!	
JEHÚ.	Basta, Raquel. Cese el llanto,	
	alzad, consolad desdichas:	3060
	setenta hijos Acab deja,*	
	todos setenta en un día	
	satisfarán vuestro agravio.	
	Deudos, amigos, familias	
	de Acab y de Jezabel	3065
	mueran.	
RAQUEL.	Y tú eterno vivas.	
JEHÚ.	En vuestra ciudad entremos,	
	pues su lealtad nos obliga.	

Al entrar, dice JEZABEL *desde el balcón.*

JEZABEL.	Goce Jehú, mi señor,	
	con la corona israelita	3070
	la paz que todos desean,	
	juntando al laurel la oliva;	
	que si a su Rey dio la muerte,	
	al padre de Acab imita,*	
	que a su Príncipe obligó	3075
	a resolverse en ceniza.	
JEHÚ.	¿Quién es esta aduladora?	
ABDÍAS.	Esta es Jezabel maldita.	
JEHÚ.	¡Derribalda de la torre!	
CORIOLÍN.	¡Soldados, subir arriba!	3080
	que para esto so valiente.	

Suben a la torre CORIOLÍN *y* SOLDADOS.

RAQUEL.	¡Ah bárbara! Ansí castiga
	el justo Cielo tiranos,
	que si tarda, nunca olvida.

3069:   JEZABEL] JEHU P.
3070:   con] en M².
3079:   Derribalda] Derribenla M².

Arriba, defendiéndose, JEZABEL, *y al cabo la echan abajo.*

JEZABEL.	¿A vuestra Reina alevosos?	3085
	¡Favor, cielos!	
CORIOLÍN.	Eso, sí: pida	
	favor al Cielo, que está	
	muy bien con sus obras pías.	
	¡Vaya abajo la borracha!*	
JEZABEL.	¡Muerta soy! *(Cae hacia dentro)*	
CORIOLÍN.	¡Ha de allá! Asilda!	3090
	No se os vaya, que tendrá,	
	como gato, siete vidas!	
SOLDADO 1°.	Perros salen a comerla.	
CORIOLÍN.	Cada cual la descuartiza	
	y, herederos de sus carnes,	3095
	van haciendo la partija.	
SOLDADO 1°.	Arrastrando se la llevan.	
CORIOLÍN.	Al alma tened manzilla,	
	que con ella juegan diabros,	
	dizque a 'salga la parida.'*	3100
RAQUEL.	Ya se acabaron mis penas,	
	dulce esposo, prenda mía.	
	Tu Raquel en tu venganza	
	esta sangre te dedica.	
JEHÚ.	Alce Israel la cabeza,	3105
	pues de Jezabel se libra,	
	y escarmiente desde hoy más.	
	Quien reinare, no permita	
	que su mujer le gobierne,	
	pues destruye honras y vidas	3110
	la mujer que manda en casa,	
	como este ejemplo lo afirma.	

3085: *y al cabo la echan abajo*] *y al cavo la hechan abaxo y cae azia dentro* M².
3096: van haciendo la partija] *omit* M².
3097: SOLDADO 1°: Arrastrando se la lleven] Sol 2: Haciendole van partija M².
3099: diabros] diablos M².

NOTES

· 3:   *Semíramis*: A legendary queen of Assyria who allegedly killed her husband, Ninus, and usurped the throne of her son, Ninyas. She was renowned for her courage and warlike skills and for her beauty, as well as for her treachery and unbridled passion. Gwynne Edwards surveys the evolution of the Semiramis legend in his edition of Calderón's *La hija del aire* (London: Tamesis, 1970), xxiii-xl.

6:      *Ofires* is mentioned in the Old Testament as being famous for its gold. Solomon's ships brought gold, sandalwood and precious stones from Ophir (III Kings 9. 28 and 10. 11). By using the image here to refer to Semiramis's golden hair, Tirso also calls to mind the legendary episode in which the queen interrupted her toilet in order to go out and fight a battle.

12:      *Sidón .. Tiro* were cities in Phoenicia. Jezebel was the daughter of Ethbaal, king of Tyre and Sidon.

19:      *árbol fugitivo* refers to the legend of Daphne who was changed into a laurel tree by Minerva in order that she might elude the pursuit of Apollo.

25-37:   Acab expresses his jealousy of the hawk perched on Jezebel's hand ('cárcel generosa'): if it is aware of its good fortune it has no need of a leash ('pigüelas') and it will not fly away if in that hand it senses the same favour which has the power to make Acab happy ('que mi fortuna pueda hacer dichosa'). The hooded and chained hawk was a familiar emblem of hope, see *La venganza de Tamar*, ed. A.K.G. Paterson, 135.

29:      *pigüelas*: consonance with 'vuela' in line 26 requires the singular form 'pigüela'; however, this change would affect the form of the verb 'repriman' and spoil the hendecasyllable.

41:      *Samaria* was Ahab's capital, built by his father, Amri. (See III Kings 16. 24.) Here it is used as a synonym for Israel.

44:      *vellocinos de plata* is a reference to the legend of Jason ('el de Colcos' in line 47) who led the Argonauts to Colchis in search of the golden fleece.

48:      *y el múrice convierta en escarlata*: a purple dye was obtained from the murex shellfish. In antiquity the colour was called royal Tyrian purple after the Phoenicians who discovered it.

56:      *deidad de oro* is a reference to the golden idol of Baal whom Jezebel worships, but perhaps it is also intended as an extravagant compliment to Jezebel herself. Martín Alonso points out that 'deidad' was used in the sixteenth and seventeenth centuries to refer to a beautiful woman (*Enciclopedia del idioma*).

62:      *agravios*: 'agraviados'.

69:      *tu desacato*: Jezebel is referring to the lack of respect which Acab suffers in his own kingdom.

71:      *copia*: 'abundancia' (*Autoridades*).

93:      *los dos en ley diferentes*: Jezebel reminds Acab that each of them follows a different religion.

94:     *Baal* was a Canaanite or Phoenician god, believed by his followers to have the power of bringing rain.

96:     *amorreos*: used here as a synonym for Phoenicians.

103:    Jezabel is referring to Yahweh (whom she calls 'ese verdugo de Egipto' in line 104), accusing him of usurping the functions of other gods (in particular of Apollo) and of claiming exclusive authority.

104-15: A reference to the plagues inflicted on Egypt (Exodus 7-11), the exodus of the Israelites, their crossing of the Red Sea (Exodus 12-14) and their forty-year exile in the wilderness (Numbers 14. 33). According to the account in Exodus 32. 28, about twenty-three thousand men were killed as a punishment for the impious act of worshipping the golden calf.

129-33: Solomon spent seven years building the temple, but in his old age he angered God by succumbing to idolatry under the influence of his wives. 'La etiopisa' (132) refers to the Queen of Sheba who, of course, had nothing to do with Solomon's subsequent idolatry; on the contrary, she came to marvel at Solomon's God (III Kings 10. 9).

134:    It was an ancient belief that the world was divided into three regions, each one inhabited by a distinct type of people: those of the north were renowned for the quality of memory, those of the south for understanding, and those of the middle region for imagination; see Ruth Leila Anderson, *Elizabethan Psychology and Shakespeare's Plays* (New York: Russell & Russell, 1966), 51.

154-63: 'Rather than that the sun of your face — which bewitches my soul — should by its eclipse take away that light which banishes my darkness, let the world weep in the eternal darkness of devouring night. Dry your tender tears, which the dawn envies as you weep them, for it is a pity to waste them since after all you rule my fortunes.' Acab has already compared Jezabel to Aurora, goddess of dawn (24); now he extends the metaphor by likening the withdrawal of her favours to the eclipse of the sun. The image will be reinforced in lines 1210-37 in the *canción* 'Dos soles tiene Israel'.

165:    A reference to Solomon's temple, which was decorated with much gold (see III Kings 6).

175:    The subject of the verbs 'labre' and 'consagre' (179) is 'Jerusalén' (164). Acab is decreeing that his kingdom shall worship Baal.

177:    *metal más generoso*: gold. The temple which Acab intends to dedicate to Baal will compete with Solomon's legendary temple to Yahweh.

180:    *Judá* is another synonym for Israel (cf. note 41).

185:    See Flavius Josephus, *Jewish Antiquities*:
        Now this woman [Jezabel], who was a creature both forceful and bold, went to such lengths of licentiousness and madness that she built a temple to the Tyrian god whom they call Belias, and planted a grove of all sorts of trees; she also appointed priests and false prophets to this god.
        See also III Kings 16. 32-33.

187:    *precipicios*: 'Metaforicamente se toma por la ruina temporal o espiritual' (*Autoridades*).

191-93: The metaphor derives from the Ptolomaic concept of the universe which envisaged a series of spheres, or elements, surrounding the earth. Each of the seven spheres closest to the earth contained a planet which exerted its particular influence on the earth. In the terms of the metaphor, Israel represents the earth and Jezabel the influencing planet. *quien no obedeciere muera* ...: 'Death to whomsoever does not obey my beautiful Jezabel'.

206: *Jeroboán* was a king of Israel who was known for his idolatrous ways (III Kings 13 and 14).

214-17: 'Their priests shall eat food worthy of those who serve altars made numerous by my authority.'

235: *tras la ausencia que dilata plazos*: 'after an absence perpetually prolonged.'

240-43: 'Ellos' in line 241 refers to Nabot's arms (see 234). The cosmological image is similar to that discussed in note 191-93.

249: *La parca fatal* is an image of death. The Fates were personified as three sisters whom the Romans called Parcae. They were seen as the arbiters of man's lot in life as represented by a thread which was spun by one sister (Clotho), measured by the second (Lachesis) and cut by the third (Atropos): (see *Autoridades*).

265: *Pasife* was the wife of King Minos of Crete. According to legend she fell in love with a bull and gave birth to the Minotaur. Nabot draws a parallel between Jezabel's lust for power and Pasiphae's aberrant behaviour: both are unnatural and therefore abhorrent. *Sardanapalo* was a descendant of Semiramis (see note 2) and reputedly the last and most dissolute of a line of Assyrian kings notorious for their pleasure-seeking. By comparing Acab to Sardanapalo, Tirso is stressing Acab's weakness as a king and his dependence on Jezabel:

> Sardanapalo no tuvo vergüenza / cuando sentado cual mujer le vieron / desceñirse la rueca por regalo. / ¿Qué mucho, pues, que una mujer me venza / no siendo yo más fuerte que lo fueron / Sansón, Alcides y Sardanapalo? (*La república al revés*, R.I.,390a)

282-87: The passage is based on the account of the crossing of the Red Sea in Exodus 14. 26-29. The 'jardín de flores' (285) is the Promised Land. The 'doce carreras' (286) refer to the dry land over which the twelve tribes of Israel passed when they crossed the Red Sea.

288-91: *Roboán*, a son of Solomon and king of Judah, provoked the ten tribes of Israel to rebel against him (III Kings 12). The reference to the half-kingdom in line 291 reflects a belief that the tribe of Benjamin was divided in the split between Judah and Israel.

294: *tema*: 'porfía, obstinación o contumacia' (*Autoridades*).

306: *el planeta hermoso* is the sun.

317: *generoso* in this context means nobility of birth (cf. note 177).

319-21: An allusion to the debasement of the coinage which contributed to the decline of the Spanish economy during the reigns of Philip III and IV (see Introduction, p.10).

338: *Circe* was a witch who turned men into swine. Odysseus overcame her enchantments with the help of a magic root which Hermes gave him (see Homer, *The Odyssey*, x. 275-405).

Lamia was a famous courtesan in antiquity. The Lamiae were also mythical women who lured men with their charms and then devoured them (see Edward Topsell, *Historie of Four-Footed Beasts* (London: 1607)).

362-63: *ella*: the pronoun must be taken as referring to 'la ciudad de Jezrael' (361). According to traditional rules, a word should not be made to rhyme with itself (see A. Bello, *Principios de ortología y métrica de la lengua castellana*

(Bogotá: Echeverría Hmos., 1882), 332-52); however, a case for the popularity of autorhymes is made by J.H. Arjona in 'Autorhymes in the *Comedia*', *HR*, XXI (1953), 273-301. Arjona argues that in general the autorhyme was approved by contemporary preceptists provided that similarly spelled words were used with different meanings or, in the common case of repeated pronouns, that the preceding preposition varied. Here, 'ella' is preceded respectively by 'en' and 'con'. Other examples of autorhymes in this Act occur in lines 209-13 (adoración); 384-85 (cerca); 496-99 (acerca/cerca), and 648-51 (bien).

376:       *con que*: 'ya que' (see Keniston 28.44).

384:       *me aguarda*: it seems logical to read this as a command directed at Raquel. Although the construction which places the pronoun before the affirmative command was already rare by the seventeenth century (see Keniston 9.541), its use here preserves the heptasyllable, whereas the usual construction ('aguárdame') would make the line octosyllabic.

404-15:   Tirso uses the Roman names of the Greek gods Hephaestus, Aphrodite and Ares. The story is told in the *Odyssey* of how the lame god Hephaestus found his wife, Aphrodite, sleeping in the arms of Ares. As a punishment he covered them with an invisible net and summoned all the gods to laugh at them when they awoke. According to the story, it was the sun god, Helios (more familiarly known as Apollo (see 415)) who first discovered the guilty lovers and told Hephaestus; (see Homer, *The Odyssey* viii, 266-327.)

416-21:   Jezabel presents the case for not publishing one's dishonour — a familiar theme in Golden Age drama: see, for example, Calderón's *El médico de su honra*, Lope's *El castigo sin venganza*. Tirso also takes up the theme in *El celoso prudente* (see R.I., 1266a-67a).

432-35:   'Why do you think that I have killed so many garrulous prophets who, being opposed to my amorous pursuits, have made public my deceits?'

467:       *gustos feria*: 'Feriar, es comprar y vender y trocar una cosa por otra' (Covarrubias). The idea of love as a merchant is emphasized in the next line: 'Aquí se compra barato'.

471:       *a todo gusto hacen plato*. Covarrubias defines 'hacer plato' as 'tener mesa de contino de muchos convidados, cosa digna de los señores ... hazer ostentación'.

488:       Scenes in which a character feigns sleep in order to confess his or her love to the unsuspecting object of that affection are found in two other plays by Tirso: *El vergonzoso en palacio* (R. I, 479b) and *La mejor espigadera* (R, I, 991a). In the present play Jezabel's bashfulness seems uncharacteristic in one so conspicuously lacking in scruples on other occasions. This may be intentional irony, but it is also a device which preserves the decorum of the scene. Cf. the words of the virtuous Duchess of Malfi:

> The misery of us, that are born great,
> We are forc'd to woo, because none dare woo us:
> And as a tyrant doubles with his words,
> And fearfully equivocates: so we
> Are forc'd to express our violent passions
> in riddles, and in dreams ...
>   (John Webster, *The Duchess of Malfi* I.i. 441-6.)

510-19:   *murmurar*: the murmuring of nature is innocent, in contrast to the murmuring of human gossip.

523: The adjective 'solo' might also be read as an adverb: 'que sólo a su gusto estáis'.

531: *celosías*: *Autoridades* notes that, in addition to the literal meaning of ' a window blind', 'metaphoricamente se suele llamar assi todo lo que hace o dexa claros por donde pueda verse otra cosa'. In *Los cigarrales de Toledo* woods are likened to jealous lovers who use their branches to prevent the sun from kissing the flowers at their feet:

> sus celosías sois todos los días
> ¡que celos inventaron celosías!
> ((Madrid: Espasa-Calpe, 1968), 122.)

540: Keniston records examples of the imperfect indicative used in the main clause of sentences expressing a condition contrary to fact (31.43).

545: Nabot removes his hat in a gesture of respect towards royalty in keeping with the custom of Tirso's own day. In line 646 Jezabel will order him to cover his head again. The right to remain covered in the presence of the sovereign was a privilege jealously sought after by nobles at court (see Gregorio Marañón, *El Conde-Duque de Olivares: la pasión de mandar* (Madrid: Espasa-Calpe, 1936)). In Act II (1466-67) Raquel will reproach Nabot for accepting this favour: 'cubrir la cabeza os manda. / Ya sois Grande de su Estado.'

549-75: Nabot reminds himself that although the queen is asleep and supposedly unaware of his presence, he nevertheless owes her his respect: high-born citizens are expected to revere everything which belongs to royalty ('la cama real, los vestidos'), therefore, although the queen is only a copy of herself while she sleeps, yet like the royal seal or the royal portrait, the 'copy' also commands respect. Nabot also invokes an ancient belief that a sleeping person understands what is said in his presence (561-65). See also Calderón in *La hija del aire*:

> Decís bien, porque entre sueños
> algunas veces se entiende
> lo que se habla.
> (Ed. Gwynne Edwards, 2258-60).

556-60: 'I wish that I could chastise her to such effect that she would change her ways and become as saintly as she is beautiful!'

625: The word 'fe' in this context refers to the oath of allegiance which Nabot has sworn to Acab as his subject.

646: See note to line 545.

685: *acción*: 'derecho' (*Autoridades*).

726-29: 'I believed that in sleep my sighs would convey to you signs of esteem worthy of your gratitude ...'

735: The line originates in a well-known fifteenth-century villancico:

> Soñaba yo que tenía
> alegre mi corazón
> mas a la fe, madre mía
> que los sueños, sueños son.

Tirso uses the same line in the two other plays in which a character pretends to be asleep in order to speak freely to the person whose love is sought (see *El vergonzoso en palacio*, R. I, 482b, and *La mejor espigadera*, R. I, 992a). The best-known use of the refrain is in Calderón's *La vida es sueño*:

> ¿Qué es la vida? Un frenesí.

¿Qué es la vida? Una ilusión,
una sombra, una ficción,
y el mayor bien es pequeño;
que toda la vida es sueño,
y los sueños, sueños son.

(Ed. Albert E. Sloman (Manchester Univ. Press, 1961), 65.)

E.M. Wilson and J. Sage provide further bibliographical details for this refrain in *Poesías líricas en las obras dramáticas de Calderón* (London: Tamesis, 1964), 135-36.

747-50: 'Let him who is without passion judge what my duty is to the king ... to my God and His law.'

784: *Trescientos y más*: There is no record in the Bible or in Josephus of the actual number of prophets slain; Tirso evidently liked the cadence of the phrase, for he uses it again with similar vagueness in line 1787.

814: Tirso appears to have confused Amri, Ahab's father, with the preceding ruler, Zambri. This man was a servant who briefly seized the throne after murdering his royal master (III Kings 16. 9-10; see also note to 2419). Alternatively, 'esclavo' may imply that Amri was a slave to evil (III Kings 16. 25).

827: *Oreb* was also known as Mount Sinai, where Moses received the Covenant (see note 2023).

832-35: The ark of the Covenant was kept in Solomon's temple in Jerusalem. *Melquisedec* was king of Salem and a priest of Yahweh. Mentioned in Genesis 14. 18, Psalms 9. 4, and Hebrews 5. 6, he was regarded as a link in the Davidic succession and therefore as part of the Jewish messianic tradition. The Fathers of the Church later developed his image as a forerunner of Christ. (See *The New Catholic Encyclopedia*, IX, 626-27.)

839: *Saul a Manasés*: the story of Saul is told in I Kings 9-11. Manases was a notorious king who ruled Judah some two hundred years after the death of Ahab (see IV Kings 21).

843: *los becerros de Betel*: Jeroboam was responsible for ordering his people to worship two golden calves (see III Kings 12. 28-33).

845: A reference to the five kings of Israel who succeeded Jeroboam. All were notorious for their sinful ways. The fifth king was Amri, the father of Ahab. (See III Kings 15-16.)

848-51: 'Drink the innocent blood of all those prophets who, murdered like Abel, cry for pity from Abraham's bosom.'

854-55: *harpía de Sidón*: Jezabel. Covarrubias defines 'harpías' as '... unas aves monstruosas, con el rostro de doncellas y lo demás de aves de rapiña, crueles, sucias y asquerosas ... son símbolo de los usurpadores de haciendas ajenas ...' *Parca de Israel*: see note to line 249.

857: *Finés*: was responsible for turning God's wrath away from the children of Israel by slaying a prominent Israelite and the harlot with whom he was consorting (see Numbers 25).

916-17: 'What matter Acab's threats if Heaven takes Elías's part?'

ACT II.

922: *a destajo*: 'with haste'; '... por similitud del que toma la obra por un tanto, que procura trabajar quanto puede, por el interés que le resulta' (*Autoridades*).

923: *mi agüelo*: a popular expression implying contempt or incredulity. An equivalent in modern Spanish would be '¡Su padre!'

929-30: *junta/... junta*: An example of an autorhyme (see note to 362). For another example of an autorhyme in this Act see 1619-22 (bien/bien).

949: 'como' here is used in the sense of 'para que' (Keniston 29. 464).

955: *la oficina de abajo*: the stomach. The sense of the passage is, 'Let someone else hire my mouth and teeth, together with my stomach, since they are useless to me'.

976-81: The logical order of this passage is: 'Si yo a persuadiros basto, / y se nos han de morir / las bestias por no haber pasto / lo que vos vengo a decir / [es que] mejor es que las matemos ...'

995: '[Mas vale que se vaya] mi ánima con la suya ...'

1011-22: The passage is full of double meanings: 'pellejo' means a wine skin as well as a donkey's hide. In line 1011 Zabulón proposes that they should drink wine today while awaiting the slaughter of the donkey tomorrow. In line 1017, Coriolín accuses them of using the wine to give them courage to do something illegal: Covarrubias notes that the expression 'sobre la capa del justo ... aplícase algunas veces a la ocasión de alzarse algunos con la hacienda ajena y repartirla entre sí', (the phrase originated with the story of Joseph and Potiphar's wife in Genesis 39). The double allusion to 'capa', together with the fact that the peasants have decided the donkey's fate by casting lots, may perhaps be an oblique reference to the disposal of Christ's garments at the Crucifixion. Line 1046 ('dalde un abrazo') strengthens the image by suggesting Judas's betrayal of Christ with a kiss.

1039: *corchete*: a minor official whose duty was to arrest criminals and take them to jail. The term derives from the original meaning of 'corchete', a clasp consisting of two parts which hook into each other (Covarrubias).

1050: In another Tirso play, *El cobarde más valiente*, the *gracioso* fancies that his donkey, which has been stolen from him, turns its head and whinnies farewell:

> Botija, adiós,
> que, pues llevo amo segundo,
> si no es en el otro mundo
> no nos veremos los dos.
> (R. II, 211b.)

1085-97: *Murria*: '... género de tristeza y cargazón en la cabeça, que tiene a un hombre cabizbaxo y melancólico' (Covarrubias). Coriolín's eulogy of his donkey has a parallel in three other Tirso plays: *El cobarde más valiente* (see note to 1015), *Antona García* (R. III, 427b-29b), and *El laberinto de Creta* (R. III, 1307b-08a). In the last of these plays the passage is almost identical. It is possible that all four cases were inspired by the episode in the second edition of *Don Quijote* in which Sancho expresses his chagrin at losing his 'rucio' in the Sierra Morena (*Don Quijote de la Mancha* I.23. See edition by Martín de Riquer (Barcelona: Juventud, 1968), 214-16, note 3).

1104: *un pino de oro*: an ornament used to adorn a woman's hair (Martín Alonso). Cf. *El cobarde más valiente*:

> Allá os vais con el bagaje,
> mi rocín, mi pino de oro
>
> (R. II, 211b.)

1112-13: These lines recall the sonnet by Quevedo entitled 'Encarece la suma flaqueza de una dama':

> Miente vuestro galán, de quien sois dama,
> si al confesarse os llama
> su pecado de carne, si aun sin veros
> no pudo en carnes aun estando en cueros.
>
> (*Obras completas* (Madrid: Aguilar, 1948) II, 398b.)

1133: Innkeepers were notoriously dishonest in seventeenth-century Spain (see, for example, Mateo Alemán, *Guzmán de Alfarache*, I.5).

1141: *En defeto*: 'en efecto'. Coriolín is much given to malapropisms.

1161: *Pardiez* is a form of the exclamation '¡Por Dios!'. According to *Autoridades*, this is sometimes used to avoid taking God's name in vain.

1164: M^1 places a cross in the margin beside the name JEHU, together with the name JUANA. This suggests that the *autor* preferred to give these lines to the actress who was playing the part of Jezabel.

1168-69: *Etiopia/... copia*: consonance in these two lines requires the unaccented form of 'Etiopía'. For a similar example, see Góngora, *Comedia del Doctor Carlino* (1613), in which consonance is made between 'repropia' and 'Etiopia' (*Obras poéticas*, ed. Foulché-Delbosc (New York: Hispanic Soc. of America, 1921), II, 147). However, the unaccented form spoils the balance of the heptasyllable which must presumably be restored by using hiatus in the tripthong 'Grecia a Etiopia'.

1169: *la florida copia* refers to the horn of plenty, or cornucopia, which in classical mythology came from Amalthea, the goat upon whose milk Jove was reared. According to the legend, the god broke off one of her horns and invested it with the power to become filled with whatever its possessor might desire.

1199: *cenador*: a pergola, or trellised arbour (*Autoridades*).

1210-16: There is irony in the *canción*. The singers place Jezabel in competition with the sun and conclude that she outshines 'el dios de Delo' (Delos was the legendary birthplace of Apollo). At the same time, Israel is suffering from drought (i.e. the sun is consuming the land) which is the punishment for Jezabel's sinful behaviour. The verb 'abrasar' underlines the irony with its literal and figurative meanings. As the chorus states, Israel may be consumed by these two opposing fires. *Se abrase*: it is not unusual to find examples of a singular verb with a plural subject (in this case expressing reciprocity); see Keniston 36.4.

1217-29: follow the pattern of a *décima larga* for eleven lines, but the twelfth departs from the pattern and, together with the next line, is integrated into the rhyme scheme of the following song.

1221: According to the Ptolomeic conception of the universe the sun was fixed in the fourth sphere (starting from the earth). (Cf. note to 191.)

1240: *aves torpes*: In the Bible the raven (or crow) is considered to be unclean rather than evil. On several occasions God's providence is illustrated by his provision of food for the ravens (see Psalms 146. 9, Job 38. 41, and St. Luke

12. 24). In III Kings 17. 4-6, the birds are themselves the symbols of divine providence as bearers of food to Elijah. (In this context biblical commentators interpreted them as representing the common people ('gentium populum').) Acab sees them only as an evil omen, in keeping with a tradition prevalent among the Romans and still in existence in many Western countries.

1248: *harpías de Fineo*: Phineus was a Thracian king who was tormented by harpies as a punishment for his cruelty to his sons. He promised to help the Argonauts on their voyage if they would deliver him from the harpies (and see note to 854).

1250: The heart was considered the seat of life as well as of the passions. It was generally thought that an excessive emotion, such as fear, caused physiological changes in the heart, which, if not checked, would ultimately affect the soul:

> Yea it commeth to passe sometimes, that present death followeth a great and suddein feare, because all the bloud retiring to the heart choaketh it, and utterly extinguisheth naturall heate and the spirits, so that death must needes ensue thereof.
> (Peter de la Primaudaye, *The French Academie*, English edition (1618), quoted by Ruth Leila Anderson in *Elizabethan Psychology and Shakespeare's Plays*, 82).

1272: *¿Qué terremotos el centro?* The missing verb is 'arroja', understood from the previous line. 'Centro' refers to the centre of the earth.

1304: *después dél muerto*: a past participle preceded by a preposition expressing time is the equivalent of a temporal clause (Keniston 38.741).

1331: Apollo is invoked here as god of divination and prophecy.

1359: *celo*: Elijah was traditionally known as 'el Celador', probably because in the Latin version of III Kings 19. 10 Elijah answers the angel with the words 'Zelo zelatus sum pro Domino Deo exercituum.'

1376-88: The sky is likened to a bankrupt merchant who defaults on regular payment of annuities ('censos') to his creditors (i.e. all living things which depend on the annual rainfall for their existence). The sky defaults on payment because God, the Supreme Giver, has foreclosed all mortgages in order to punish Man who, by his sins, has broken his contract with God. It is Man's sinfulness which forces the normally beneficent heavens to withhold rain: thus innocent creditors must suffer so that Man, who is dependent on nature, may be punished through nature's inability to support him

1405: *maestresala*: the chief steward at a nobleman's table.

1407-18: take the form of a *décima larga*, ABBABCCDDEED.

1411-58: The passage bears a strong resemblance to a song in *Los cigarrales de Toledo* in which the Catalonian woods are likened to jealous lovers. The last stanza begins:

> ¡Plantas, pues, aves, fuentes, si suaves
> os vivifica Amor, celos maltratan
> y en contaros mi pena os entretengo!
> ¡Enamorado estoy, con celos vengo,
> e imitando las plantas, fuentes y aves,
> vida el favor me da, sospechas matan,
> esperanzas dilatan

lo que el recelo yela!
((Madrid: Espasa-Calpe, 1968) 123.)

The reference to ivy as an image of fidelity (1435-36) recalls Garcilaso's lines in the *Egloga primera*:

No hay corazón que baste
aunque fuese de piedra,
viendo mi amada hiedra,
de mí arrancada, en otro muro asida,
y mi parra en otro olmo entretejida.

(*Obras*, ed. T. Navarro Tomás, Clásicos castellanos (Madrid: Espasa-Calpe, 1911), 10.)

The motif of the ivy and the vine often appears as a variation of the marital topos represented by the ivy and the elm tree. Peter Demetz has traced the origin of this variation to a poem by Catullus in which the amorous bride embracing her husband is compared to clinging ivy which, in turn, is seen to resemble the vine as it embraces the surrounding trees ('The Elm and the Vine: Notes toward the History of a Marriage Topos', *PMLA*, LXXIII (1958), 528). *Briareo* was a giant who, according to Virgil, had a hundred hands; he was supposedly one of the three sons of the Earth and the Sky.

1467:   *Grande de su Estado*: see note 545.

1485:   *fiscal*: 'king's prosecutor' and by extension, 'anyone who accuses another of wrongdoing' (*Autoridades*).

1491:   *descompuesto*: 'immodest' or 'abnormal' (*Autoridades*).

1528:   *pensil*: 'significa el jardín que está como suspenso o colgado en el aire, como se dice estaban los que Semíramis formó en Babilonia. Oy se extiende a significar qualquier jardín delicioso' (*Autoridades*). The oblique reference to Semiramis is in keeping with the opening passage of the play. It is also Tirso's own embellishment for the Vulgate text simply uses the phrase 'a garden of herbs' ('hortum olerum') to describe what Ahab planned to make of Naboth's vineyard (III Kings 21. 2).

1529:   One of the labours of Hercules was to fetch the golden apples from the Garden of the Hesperides.

1531-34: *prefiera/... bella*: the consonance is faulty.

1551-76: '[my vineyard] is the repository of the family pride of lineage which my ancestors handed on to me to be a perpetual memorial to their nobility'. Tirso links the Hebrew religious custom regarding the inalienability of family property to the traditional Spanish pride in 'limpieza de sangre' and the 'solar' ('family "seat"'). Contemporary concern with the rights of the firstborn ('mayorazgo') is also reflected in lines 1561-62. The passage referred to in Leviticus (1558-65) is from chapter 25. 23-24. The reference in lines 1567-69 to the dispensation from the law for the poor man is taken from Leviticus 25. 28, in which instructions are given as to how the birthright may be redeemed if it has been sold in times of need.

1595-98: Man's life is conceived as a loan from God, in return for which he is expected to pay annuities in the form of service to God. If Acab unjustly orders Nabot to pay with his life, it matters not, since by losing his life for God, Nabot will ensure that God will recover the principal (i.e. the soul); since Christ has already paid for Man's debts by His own death, so He redeems the soul. (In commercial terms 'censo al quitar' means 'a loan which is redeemable upon

demand'.) Tirso uses a similar image in *Los hermanos parecidos*:

Cristo: Yo soy la carta de pago,
                mis letras están heridas,
                cinco mil renglones traigo....

Hombre: El hombre terreno
                comió la manzana,
                perdió la inocencia,
                costóle la gracia.
                El hombre celeste
                en él se retrata,
                pagóle sus deudas.

                           (R. I, 1705.)

1607:   *mi sosiego traen en calma*: i.e. Nabot's peace of mind is suspended — he is in anguish (*Autoridades*).

1613:   *pescudadora*: 'persistent questioner' from 'Pescudar', 'to ask'. *Autoridades* notes that the word is obsolete and only found in country speech.

1618:   *emburrada*: the past participle is Tirso's own comic invention, based on the noun 'burro'. Coriolín refuses to tell Lisarina how he came by another donkey: since she has already eaten her share of his first donkey (hence the quip 'ya estáis emburrada') he is taking care that the second animal will not also be sacrificed. (See André Nougué, 'La libertad lingüística en el teatro de Tirso de Molina: el verbo', in *Homenaje a Tirso* (Madrid: *Revista Estudios*, 1981), 252.)

1633-36: A round face with a flat nose was evidently a stock object of amusement. Cervantes makes two humorous allusions to this combination in *Don Quijote*: Sansón Carrasco is described as being 'carirredondo, de nariz chata y de boca grande, señales todas de ser de condición maliciosa y amigo de donaires y burlas ...' (ed. M. de Riquer, 558); similarly, the peasant girl whom Sancho presents to Don Quijote as Dulcinea is described as 'una moza aldeana, y no de muy buen rostro, porque era carirredonda y chata ...' (ed. M. de Riquer, 606). The Bergamot pear, to which the lady's face is compared in lines 1637-38, was also noted for its round shape. Despite its unappetizing appearance, it had a sweet taste (*Autoridades*).

1656:   *abolengo* is used here with the sense of 'patrimonio'. Coriolín means that until being flat-nosed becomes a family characteristic there is no need to worry.

1671:   *el pavo*: previously the meat taken from the royal table was described as 'una ave asada' (1239). There is an ironic suggestion here that the soldiers assume that the king and queen would dine off turkey or, perhaps more appropriately, peacock. At the same time, the notion of ravens carrying a bird so much larger than themselves is obviously comic.

1689-98: Andrée Collard suggests that Tirso is attacking the lacklustre imitators of Italianate poetry who preceded Góngora (see *Nueva Poesía* (Madrid: Castalia, 1967), 75-77). However, if the play was written after 1621 (see Introduction, p.10) the words 'ocultos', 'críticos', and 'cultos' acquire special meaning in the light of the anti-gongorist movement which, according to M. Romera-Navarro, began to make itself felt after 1617 (see 'Lope y su defensa de la pureza de la lengua y estilo poética', *RHi*, LXXVII (1929), 291).

1709-14: Tailors are a frequent butt of Tirso's satire, even in his play *Santo y sastre*,
which was commissioned by the tailors' guild in honour of their patron saint.
In *Santo y sastre* the *gracioso* uses an identical image:

> mira que te han de agarrar
>
> cuando la muerte te arrastre,
>
> como el ánima del sastre
>
> suelen los diablos llevar
>
> (R. III, 54b.)

Ruth Lee Kennedy believes that these lines are an attack on Tirso's fellow
literati (see 'Studies for the Chronology of Tirso's Theatre', *HR*, XI (1943),
38-42). Other passages in the same play bear out this theory. It is probable
that Coriolín's words can be construed as another attack on the 'chusma
villanciquera' indicted earlier (1694).

1734: *¿Pescudarlo ellos no bonda?* Coriolín is telling Lisarina to mind her own
business: 'Isn't it enough that they [i.e. the soldiers] are doing the
questioning?'

1750: *el Varal*: Coriolín means Baal. Similar comic confusions occur in line 985
('Sanlimón' for 'Salomón') and line 1725 ('caramelo' for 'Carmelo').

1761-63: A reference to III Kings 17. 12-15.

1775: The line lacks a syllable.

1836: According to the Medieval and Renaissance concept of the universe, the four
elements each kept its appointed place. Fire, the lightest of the elements,
inhabited a sphere below the orbit of the moon (see C.S. Lewis, *The
Discarded Image* (Cambridge: Univ. Press, 1964), 95).

1848: The priests inflicted cuts on themselves as part of the rites associated with the
invocation of Baal (see III Kings 18. 28; also Josephus, *Jewish Antiquities*,
XIII, xiii, 5).

1891-94: The Latin text is not specific about the manner in which the prophets were
slain. Perhaps Tirso considered that cutting their throats was appropriate in
the context because it suggests a sacrificial blood-letting. According to the
Vulgate, the event took place beside the brook Cison. Tirso has apparently
confused this name with that of the brook Kidron, which David crossed when
he fled from the rebellion of his son Absalom (II Kings 15. 23).

1899-1903: Neither the Book of Kings nor Josephus mentions that Ahab was caught in
the downpour, but the detail adds dramatic flavour and allows Jehú to bring
his account up to the present: 'mojado, señora, llega / a descansar en tu
vista.'

ACT III.

1995-2003: A reference to the custom of baking bread under hot ashes, based on the
words of the Vulgate text, 'subcinericius panis' (which Douay translates as 'a
hearth cake'). (See III Kings 19. 6.)

2011-12: The angel's command closely follows the Latin source: 'Surge, comede:
grandis enim tibi restat via' (III Kings 19. 7).

2013-22: It is characteristic of Tirso that he expands the Biblical text at this point,
stressing that Elías's former despondency and weakness may in large measure
be attributed to the effects of starvation.

2023-30:	Mount Horeb was the place where God appeared to Moses and made the Covenant with the people of Israel. A parallel is drawn between Moses's fast (Exodus 34. 28) and Elías's renewed fast, as implied in the text of III Kings 19. 8: 'And he arose, and ate and drank, and walked in the strength of that food forty days and forty nights, unto the Mount of God, Horeb' (Douay).
2077-78:	'If you do not entrust your fortune to my wishes now, you shall pay dearly for your whims'.
2080-81:	*llama/... llama*: an autorhyme (see note to 929). Other examples of auto-rhymes in Act III occur in lines 2267-70 (corte/corte) and 2321-24 (vivas/vivas).
2088-92:	*lenguaje de los ojos*: Tirso is using a commonplace Renaissance image which may be compared with John Milton's lines in *Il Penseroso*:

> With even step and musing gait,
> And looks commercing with the skies,
> Thy rapt soul sitting in thine eyes.

However, Nabot's reply that he knows nothing of this science lends credence to Frank Halstead's theory that Tirso had a layman's interest in contemporary philosophical views on visual perception ('The Optics of Love: Notes on a Concept of Atomistic Philosophy in the Theater of Tirso de Molina', *PMLA*, LXII (1943), 108-21).

2101:	'Were it not for your stupidity [you would realise that] I gave you the opportunity [to appreciate the situation] when I saw you and explained to you your good fortune, which was such as to oblige you [to respond].'
2118:	'vos' refers to 'fortuna' (see line 2111). Jezabel places her faith in mere fortune in defiance of the faith inspired by the true God.
2128-30:	The image of the chaste matrons anticipates the symbolism expressed in the *canción* about the widowed turtledove in lines 2871-2926.
2138:	*engaño*: 'desengaño' is more appropriate to the context, but would not fit the metre of the line.
2145:	despeñar: 'Metaphoricamente vale precipitarse, desenfrenarse y entregarse ciegamente y sin consideracion à alguna cosa, como à los vicios, maldades, &c' (*Autoridades*).
2239-40:	'My loyalty to God will be crowned by laurels which will immortalize my triumph over sin' (i.e. by choosing martyrdom, Nabot will win immortality).
2247:	The text of the letter is inspired by the account in III Kings 21. 8-13. The phrase 'dos testigos que las dádivas cohechen' renders very aptly the Latin phrase 'duos viros filios Belial' (also referred to as 'viris filiis diaboli'); see III Kings 21. 10 and 13. Tirso also glosses two details which are not elaborated in the Biblical source, thereby showing his knowledge of Scripture and of Hebrew custom. 1) *'publicad general ayuno (como en Israel se acostumbra cuando se espera algún castigo riguroso)'*: it was in fact the custom to proclaim a fast in times of grave national crisis, as a means of propitiating God's anger or pleading for His mercy (see *The Interpreter's Bible* (New York: Abingdon, 1954), III, 174). 2) *'como la ley dispone'*: refers to Leviticus 24. 16: 'And he that blasphemeth the name of the Lord, dying let him die: all the multitude shall stone him, whether he be a native or a stranger.'
2276-78:	The Bible mentions only two false witnesses; however, Josephus records that 'three unscrupulous men' were brought to testify against Naboth (*Jewish Antiquities*, VIII, xiii, 8).

2290-98: Raquel's inability to ignore her dream suggests a vacillation between the ancient belief that in sleep the soul beholds the truth and the Christian view of the dream as a vain illusion. In lines 2297-98 Tirso seems anxious to show that his views are not at variance with those of the Church, which frowned on any attempt to forecast the future.

2304: *Circe nueva*: see note to line 338.

2324: *albricias*: 'a reward given to the bearer of good news' (*Autoridades*). In this context the good news which Raquel awaits is the knowledge that Nabot is alive: in return for such news she is prepared to pay the price of jealousy.

2334: *penas si me asiento apenas*: for a similar play on words, see Calderón, *La vida es sueño*: 'y a penas llega, cuando llega apenas.' (I, 20.)

2379-80: Doña Blanca de los Ríos suggests that the passage should read 'ya sabe, a costa de vidas, / comprar viñas Jezabel.' However, all versions of the play (except M^1 which omits these lines) give 'vidas' in the second line. The sense is clear if the second 'vidas' is read in the sense given by *Autoridades*: 'Metaphoricamente se llama qualquier cosa muy gustosa, o que causa suma complacencia, como por ponderacion de que pende de ella la vida.'

2394: *basiliscos*: the basilisk was thought to be able to kill with its glance.

2419-20: *Amrí*: Ahab's father was chosen by the people of Israel to overthrow the usurper Zambri. When Amri laid siege to the city of Thersa, Zambri saw that all was lost and burned himself alive (III Kings 16. 18).

2449: *el gran Celador*: Elías (cf. note to line 1359).

2495-506: The sight of Nabot's blood on the stones which have caused his death evokes for Raquel the image of precious stones characterized by their reddish colour ('rubíes y granates'). As the instruments of Nabot's martyrdom, they are transformed into an altar upon which his body lies like a sacred image ('simulacro').

2507: *tigres de Hircania* were a legendary breed, renowned from antiquity for being fierce, cruel and untamed (see Edward Topsell, *The Historie of Four-Footed Beasts*, 708).

2515-42: Raquel's curse is based on Elijah's speech to Ahab prophesying the Lord's vengeance on his house (III Kings 21. 19-24); the account of Ahab's death in III Kings 22. 34-35, and of Jezabel's death as told in IV Kings 9. 33-35. *el más confidente amigo*: a reference to the fact that Jehú, whom Tirso makes a member of the court of Acab and Jezabel, will be the final instrument of their overthrow. *flecha de acero prolijo*: 'an arrow of carefully tempered steel'; *homenaje*: the main tower of a castle 'adonde con solenidad y por auto publico el castellano o alcaide della haze el juramento de fidelidad ...' (Covarrubias).

2543-46: The metre is irregular in these lines and the assonance in line 2546 is defective.

2562: M^1 interpolates the following lines:
Caminad lleuad en honbros
el cadauer que ya os sigo
mezclando mi triste llanto
con el jazmin que a vertido
vos, esposo (que rigor)
tan sangriento (que delito)
apedreado (que ynjuria)

> por este baruaro, el Juicio
> perdere con la pazienzia.
> Como ya Cielos benignos
> no fulminais fieros Rayos
> que siruan de precipicio
> a las sacrilegas manos
> de los que torpes y ynpios
> marchitaron el clauel
> del ynfausto esposo mio
> y rraquel oy [?] desdichada
> despues [?] llegad suspiros
> caminad a la vengança
> bea el mundo q̃ a tenido
> rraquel tan grande balor
> como el amor q̃ he tenido
> por q̃ de aqueste modo
> pues mi esposo perdi se pierda todo
> sere para vengarme furia fiera
> muera pues Jeçavel y el mundo muera

2563:   'Do you think that it is a fine thing to be a soldier?'

2567:   *¿La sierra no me quintó?* A reference to the practice of recruiting soldiers by casting lots (originally by selecting one man out of every five). *Autoridades* notes that the practice was also applied when exemplary punishments were meted out in the army. In this sense Coriolín may also be referring to the episode in Act II when the peasants voted to eat his donkey (line 1000).

2568-69: M^2 reverses the order of these lines, then repeats line 2569.

2574-75:   *cabo de escuadra*: a title given to a soldier in command of a group on sentry duty (*Autoridades*). The play on the two phrases 'cabo de escuadra' and 'cabo de cuchillo' echoes the joke in a *Letrilla* published by Quevedo in 1605:

> Que pretenda el maridillo
> de puro valiente y bravo,
> ser en una escuadra cabo,
> siendo cabo de cuchillo;
> que le vendan el membrillo
> que tiralle era razon.
>   *Chitón.*

>   (*Obras completas* (Madrid: Aguilar, 1964), 204b.)

           In both cases 'cabo de cuchillo' refers to a cuckold.

2576-626: M^1 interpolates the following lines:

Cor:	de cochillo o de tijera
	ya bueso padre quexera
	que fueras vos como yo
Lis:	y que traeras de la guerra
Cor:	lo que dios huere seruido
Lis:	no abra soldado salido
	tan loçido de esta sierra
	en verdad
Cor:	ya yo lo se
Lis: [?]	peleareis por quatro bos
Cor:	yo bo me pelear por dos

Dor:	si peleareis a la fe
Cor:	pues en q̄ lo echais de uer
Dor:	al oxo lo e tanteado
Cor:	pues el oxo os a enganado
	dorban q̄ no puede ser
Dor:	porque
Cor:	que tonto aueis sido
	porq̄ en tocando el tambor
	apenas oyre el Rumor
	quando apenas aure uido

2586: *tahur de ventaja*: one who habitually cheats at games of chance (Moliner).

2631-58: The passage is a satirical commentary on the contemporary state of the Spanish army. The soldiers were so hungry and impoverished that they resorted to all manner of cheating and thieving to supplement their miserable rations and irregular salaries. (See, for example, Mateo Alemán, *Guzmán de Alfarache*; Cervantes, *El Licenciado Vidriera*; also *Autobiografías de soldados*, ed. J.M. de Cossío, BAE XC (Madrid: Ediciones Atlas, 1956).)

tocar las baquetas: 'to beat on a drum with drumsticks'. It is likely, however, that the audience also understood an allusion to a form of punishment administered in the army and known as 'pasar la baqueta'. This consisted of lining up two rows of men so closely that only the width of two bodies was left between the rows. Each man was given a stick. The offender was made to strip to the waist and run between the rows of men, who belaboured him as he passed.

vender un par de boletas: each soldier was issued with a billeting order ('boleta') when the army was quartered in a town; however, the soldiers were so unwelcome that the townspeople often paid them to ignore the billeting order and lodge elsewhere. See *Guzmán de Alfarache*: 'En cada alojamiento cogía una docena de boletas, que ninguna valía de doce reales abajo, y algunas hubo que contribuyeron cincuenta.' (Clásicos castellanos (Madrid: Espasa-Calpe, 1962), II, 18.)

Lines 2643-58 make fun of the soldier who extravagantly adorns his hat with feathers and then runs away as soon as the battle begins. In Tirso's *auto*, *Los hermanos parecidos*, Atrevimiento enters 'a lo soldado, con muchas plumas' and Admiración greets him with the words:

> que contento
vienes; y ¡qué a lo soldado!
¡Buenas plumas das al viento!
(R. I, 1690a.)

See also Cervantes, *El casamiento engañoso* (*Novelas ejemplares*, ed. Clásicos Castellanos (Madrid: Espasa-Calpe, 1966), II, 180.) *Esta es de gallo* has the same meaning as 'tener mucho gallo — tener soberbia, o vanidad ...' (*Autoridades*). The feminine demonstrative pronoun in line 2651, together with the personal object pronoun 'la' in 2652, have no expressed antecedent. Keniston gives examples of similar cases used with indefinite meaning (11.521 and 7.26). In modern usage this construction is sometimes called the 'neuter feminine' (see, for example, M.M. Ramsey, *A Textbook of Modern Spanish*, revised by R.K. Spaulding (New York: H. Holt, 1960), 68-70). The hen is a symbol of cowardice while the cock, although he is known as a fighter, is also considered to be bombastic and vain and is a popular object of fun in a number of Spanish proverbs. Coriolín is of the opinion that discretion is the better part of valour, especially if it ensures survival to enjoy the pleasures of the table afterwards.

2675: *como un oro*: A common ironic expression, used to make fun of someone, implying that he is cunning and a rogue (*Autoridades*).

2678: *¡Tirte ahuera!* Señora de los Ríos sees in this exclamation an echo of the episode in *Don Quijote* in which Sancho, as governor, meets the alleged doctor Pedro Recio de Tirteafuera (see R. I, 582a and footnote to 619b). However, as Rodríguez Marín points out in his edition of the *Quijote*, Clásicos Castellanos (Madrid: Espasa-Calpe, 1961), VII, 190-91, the exclamation was common in earlier times; Marín gives examples of its use in *Amadís de Gaula* and Lope's *Fuente ovejuna*.

2693-94: The historical details of Jehu's origins are vague. According to IV Kings 9, he was the son of Josaphat and grandson of Namsi. Elisha's emissary finds him sitting among the captains and addresses him as prince (IV Kings 9. 5). Josephus states that he was the commander of Joram's army (*Jewish Antiquities*, IX, vi, 1) and this may be the source of Tirso's reference.

2698-715: The account of Ahab's death is in III Kings 22. 34-54. The death of his son Ochozias is described in IV Kings 1.

pensión (2709): 'an inevitable consequence' (*Autoridades*). The account of Elijah's departure into heaven in the fiery chariot is told in IV Kings 2. 11.

2723-65: In this account of the anointing of Jehu, which is based on IV Kings 9, there is one striking omission: no mention is made of Elisha, who figures prominently in the Biblical account as Elijah's successor.

el Tesbites: Elías.

aunque fue tu señor, y lo es su hijo: just as Tirso has stressed Nabot's reluctance to be disloyal to Acab, now he must justify Jehú's betrayal of Joran who, for all his wickedness, is still the anointed king. In this case, the overthrow of the king and destruction of his house is sanctioned by God Himself, who authorizes Jehú's disloyalty and thus clearly overrides all considerations of natural law.

Jeroboán y Basa were two reputedly evil kings of Israel (see notes to lines 206 and 839).

2767-70: Joram was wounded at Ramoth Galaad and retired to Jezrahel to recuperate (IV Kings 8. 28-29). In three places Tirso refers to Jehú's march on Samaria (lines 2784, 2786 and 2976), only to have Raquel welcome him to Jezrael in line 3007!

2779: '... and taking every man his garment laid it under his feet, after the manner of a judgement seat, and they sounded the trumpet, and said: Jehu is king.' (Douay, IV Kings 9. 13.)

viento llevo en popa: a ship running before the wind moves at its fastest.

2815: *Tres años pagó tributo*: according to the Biblical source, fourteen years elapsed between the death of Ahab and that of Jezebel (see III Kings 22. 40 and 51, and IV Kings 1. 17 and 3. 1).

2821-44: The allusions to the golden hair and the admiration of Asia (line 2838) recall the opening lines of the play, in which Acab compared Jezabel to Semiramis. According to one legend, Semiramis was called from her dressing table to put down a rebellion (Calderón uses the episode in *La hija del aire*, ed. G.

Edwards, 139-55; see also xxix and xxxvii-ix. The source which Tirso is most likely to have known was Cristóbal de Virués's tragedy *La gran Semíramis* (first published in 1609), which uses the episode in Act III. The image of a woman contemplating her beauty in a mirror is also consistent with the theme of *vanitas* — a theme which features prominently in the final *cuadro*.

sumiller de amor: 'sumiller' was the purely honorific title given to the heads of the various sections of the royal household in seventeenth-century Spain (for example, the 'sumiller de corps' supervised the royal chamber and also controlled access to it). The term derived from the French word 'sommelier' and the title was introduced into Castile by the house of Burgundy (according to Covarrubias, who mistakenly took the word to be of German origin).

Golfos de luz surcará / el marfil de aqueste peine: Calderón would later use the same images to describe the movement of a comb through Semiramis's hair:

> y este bajel vuelva el bello
> golfo a surcar del cabello,
> donde varado quedó.
>
> (*La hija del aire*, ed. G. Edwards, 163.)

2847-54: There is a marked resemblance between this passage and one in *La república al revés* in which the emperor's mistress, Lidora, also considers which colours to wear to reflect her mood:

> Camila: ¿Pajizo?
> Lidora: No desespero.
> Camila: ¿Encarnado?
> Lidora: Es muy cruel.
> Camila: ¿Verde mar?
> Lidora: No me contenta,
> que esperanza puesta en mar
> o se tiene de anegar
> o ha de padecer tormenta.
>
> (R. I, 419b-20a.)

2864: *Narciso*: Narcissus was a beautiful youth who fell in love with his own reflection in the river and pined away. According to Ovid (*Metamorphoses* 3.342) Narcissus was thus punished for his cruelty to the nymph Echo, who died of a broken heart when he rejected her love. In the context of the play the allusion is in part a poetic embellishment prompted by Jezabel's contemplation of her face in the mirror; it also implies a further rejection by Jezabel of the notion that she might change her attitude towards Raquel — thereby admitting that her treatment of Nabot was unjustified: such a notion would be equal to Narcissus's folly in falling in love with his own reflection.

2871-950: The *canción* derives from a *romance* known as *Fonte frida*, which was popular in the sixteenth century (although its origins are probably earlier). One version, which appeared in the *Cancionero general* of 1511, runs,

> Fonte frida, fonte frida,
> fonte frida y con amor,
> do todas las auezicas,
> van tomar consolación
> si no es la tortolica
> qu'está biuda y con dolor;

por allí fuera passar
el traydor del ruyseñor;
las palabras que le dize
llenas son de traycíon:
si tú quisiesses, señora
yo sería tu seruidor.
Vete d'ay, enemigo,
malo, falso, engañador,
que ni poso en ramo verde,
ni en prado que tenga flor:
que si ell agua hallo clara,
turba la beuía yo;
que no quiero auer marido,
porque hijos no haya, no;
no quiero plazer con ellos,
ni menos consolación.
Déxame, triste enemigo,
malo, falso, mal traydor,
que no quiero ser tu amiga,
ni casar contigo, no.

>   (quoted by Eugenio Asensio in *Poética y realidad en el
>   cancionero peninsular de la edad media* (Madrid:
>   Gredos,1957), 246.)

For a full discussion of the theme of the turtledove as symbol of chastity and conjugal fidelity, see Marcel Bataillon, 'La tortolica de *Fontefrida* y del *Cántico espiritual*', *NRFH*, VII (1953), 291-306. Tirso also refers to the legend of the chaste turtledove in *La dama del olivar* (R. I, 1182b). In *Deleitar aprovechando* the image appears as the theme of a song which precedes the *auto sacramental, El colmenero divino* (Madrid: D. Gonçalez, 1635), fol. 70^r. In this context it is presented explicitly as an allegory of Christ and His Church.

2875-76: In some versions of the tradition an eagle is depicted as the cause of the turtledove's bereavement (see Marcel Bataillon, *op. cit.*, 294). An eagle and a dove are also the subject of an emblem published in a collection entitled *Delie Obiect de plus Havte Vertu* by Maurice Scève (Lyons, 1544): an eagle hovers over a caged dove and the text is a quotation from Petrarch, 'Il mal mi preme e mi spaventa il peggio' ('Evil pursues me and fear of worse haunts me'), (described by Mario Praz in *Studies in Seventeenth-Century Imagery* (Rome: Edizioni di Storia e Letteratura, 1964), 67).

2960-64: In *La república al revés* the emperor, who has interrupted Lidora's toilet, looks into her mirror and is alarmed to see the face of an armed man who threatens his life. Like Criselia, Lidora is unable to see the apparition and cannot understand the emperor's terror (R. I, 420b-21a).

2977-79: Joram's death is described in IV Kings 9. 24.

2987-97: The Bible (IV Kings 9. 30) and Josephus (*Jewish Antiquities*, IX, vi, 4) mention the fact that Jezebel painted her face and dressed her hair before meeting Jehu, but Tirso's queen admits to a further motive: she plans to seduce Jehú in a bid to save herself and remain queen.

2995: The syntax of this line is sacrificed in order to preserve the octosyllable.

However M^1 finds a satisfactory alternative which preserves both syntax and metre: 'Prometere ser su esposa'.

3061:   *setenta hijos Acab deja*: the slaughter of Ahab's children is described in IV Kings 10. 1-11.

3074-76: See note to line 2419.

3089:   *la borracha*: here used in the figurative sense of 'disparatado, que hace o emprende cosas fuera de razon y ajenas de la cordura y madurez' (*Autoridades*).

3100:   *salga la parida*: a popular boys' game 'con que se divierten ... estrechandose y apretandose entre si, para echar a alguno del corro, en cuyo lugar admiten otro' (*Autoridades*).

WIDENER UNIVERSITY
WOLFGRAM
LIBRARY
CHESTER, PA.